芭樂人類學

分級包裝

品質保證

獻給我們親愛的夥伴「芭樂貓」

目錄
Contents

PART 1　芭樂人生

PART 2 飄洋過海的芭樂

PART 3 芭樂歌

PART 4 芭樂票

PART 5 芭樂的異想世界

郭佩宜

導論

「好吃，又好思」的芭樂人類學

無論走到哪裡，人類學家以及人類系的學生最怕被問的一句話，大概都是：「什麼是人類學？」

如果只有電梯裡巧遇那短暫幾樓層的時間，或許可以回答：「人類學基本上就是研究人類的學科」——這好像等於什麼都沒說嘛，那麼再補上一句：「從人的演化、生物性的面向，到當代充滿文化差異的現象，都是人類學研究的範疇。」對方必然還是似懂非懂，不過目的地到了，彼此可以禮貌地結束對話，分道揚鑣。然而如果場景是大夥兒聚餐的餐桌，或是遇上隨口找話聊的髮型設計師，彼此得相處一段時間，剛剛的簡答後就不免陷入尷尬——要追問下去嗎？萬一被追問，要如何白話地解釋？說真的，略知皮毛的時候還比較容易根據教科書下定義，講得信心滿滿；人類學念得越久，越了解這學科多重與不斷轉變的樣貌之後，要給個有誠意不敷衍、簡短卻精準周延的回答，就覺得有點困擾了。

人類學家會覺得解釋什麼是人類學有點困難，其實源於這學科擅長提出問題、質疑概念、切換觀點，而非給個斬釘截鐵的答案。我的好友（也是本書作者之一）林秀幸曾生動地形容：

當經濟學家說這樣種稻可以增加年生產量，大大改善當地的生活水準時，人類學家很可能在旁邊嘀咕著：「稻種發下去，搞不好肥了當地的樁腳。」當社會學家說地方派系是寄生在既有的政治結構裡，尋找利益的共生，人類學家又暗暗咕噥著：「話雖如此，但搞不好地方派系維持了地方上群體競爭的張力，讓地方人活得帶勁……」當某位村長在廟會裡忙得汗流浹背，虔誠祝禱時，人類學家暗暗揣想他是誰的樁腳，他如何分配宗教虔誠和政治利益在內心的分量？當全球知名的環保人士到世界各地宣揚環境正義理念時，人類學家開始注意他的「聽眾」屬性，暗暗猜測在這樣的場合真正交流的是什麼？

這樣讀者了解人類學是什麼了吧？（還是在心中OS：香蕉你個芭樂！）

因為職業病作祟，逛書店時我總忍不住會巡視書架上是否有標示「人類學」的格子——市面上人類學的書湊不了一整櫃，如果能看到任何一格貼上這三個字，就會有「這書店真不錯」的驚喜。然而每每細看，哪些書被擺放到「人類學」分類下，就開始失望，裡面往往夾雜了許多在我看來根本不是人類學的書（最常見的是以某某古文明為題，但正確性要大打折扣的那些）。近年在封面印上「人類學」三個字（無論是標題或是文宣）的書出現頻率增高了，我總是興致勃勃地翻閱，然後無奈地放下：這根本不是人類學的書啊，作者也不是人類學家……（有趣的是，它們之後也不會被擺放到「人類學」

那一格，反而回歸更切題的財經、旅遊、飲食書區。）

「人類學」似乎是個冷門學科，卻又是新興的熱門關鍵字，許多跨界領域很喜歡引用，近年來設計和商管界也開始聘用人類學家，在《決定未來的十種人》（*The Ten Faces of Innovation*）中，「觀察人類行為的人類學家」居然還名列榜首！如果有讀者對人類學感到好奇，除了枯燥的教科書，和這些零星的再詮釋，有沒有能夠更貼近它的作品？有沒有一本由專業人類學者書寫、平易近人、以實際研究經驗和台灣熟悉的現象為例，深入淺出地說明人類學概念的書？

這是我們出版《芭樂人類學》這本書的目的。本書將帶領讀者一窺人類學的面貌，並以人類學家的視角觀看世界，將理所當然視為問號的起點，從剩菜、夜店、聖誕節，到饒舌、卡拉OK與call-in節目，揭露日常與平凡背後的非常與不凡。書中也透過人類學理論，分析死刑爭議、災難管理、自由貿易、土地正義等台灣社會面臨的難題。

●「人類學」與「芭樂」合體?!

人類學的特色在於藉由田野工作，探索文化的內在邏輯與在地觀點，兼顧細膩的日常與鉅觀的結構之間的連結，透過現象的脈絡化、多重視角的對話、以及跨域的比較，更全貌地理解地方與世界。聽起來很嚴肅？但世界趴趴走的人類學，其實充滿了驚奇意外與稀奇古怪，和人類學家聊天總是妙趣橫生、別樹一格。如何才能擺脫枯燥的學術論文，把人類學的洞見傳達給讀者？

「芭樂人類學」於焉誕生。二〇〇九年暑假的尾聲，在一次聚會中，幾個志同道合的朋友有感於人類學在社會上能見度太低，提議開啟一個共筆部落格，透過大眾人類學的書寫，把這門學科的滋味與更多人分享；透過對當下社會議題的評論，貢獻人類學的獨特觀點。要取什麼名字呢？在一番腦力激盪之後，某個已經不可考的人隨口講了「芭樂」，立即獲得無異議通過。為什麼這種水果能擄獲大家的心？

有人說芭樂（又名番石榴）是「番」又「不番」的水果，平價又耐吃。芭樂源自中南美，卻隨人群流動傳到世界各地，甚至出現在地化品種，既外來又本土。芭樂是常民的、大眾的、多品種的，恰好符合我們試圖展現的人類學特質。「芭樂」一詞讓人聯想到「芭樂票」或「芭樂歌」，不太正經、有點俗濫、隱含澀趣味。總之芭樂有神祕的魅力，套句法國人類學者李維史陀的名言：「好吃，又好思。」(Good to eat, and good to think.)「芭樂人類學」即是「俗擱有力」的人類學！

說實話，這些都是事後諸葛，在共同構思出「芭樂人類學」的當下，其實沒那麼多學問，只是跟著感覺走，命名故事本身就很「芭樂」！然而一旦命名，名字本身就產生了力量，在後續的書寫中，「芭樂」一詞逐漸在台灣的人類學界被賦予了新的意義。「芭樂」藉由水果的隱喻，有時指涉某種文章、某些人類學家，有時又指涉某種風格；有時是名詞（這真是芭樂的好題材），有時是形容詞（這篇文章實在太芭樂了啊），甚至是動詞（你芭樂了嗎？）。而芭樂人類學也和芭樂越來越類似，既世界又在地的主題，貼近庶民生活，無論是黃色小鴨、女僕咖啡、泡沫紅茶、星座面相，還是選舉、教科書、太陽花，人類學家都有話說。和水果芭樂一樣，芭樂人類學文風多樣，有的搞笑、有的感性，還可依照「消化難度」區分為「硬芭樂」和「軟芭樂」。

「芭樂人類學」（guava anthropology）這以台灣青壯年人類學家為主的共筆部落格，於二〇〇九年十一月創立。從初始十來個寫手逐步成長，目前已有六十多位參與，作者們多半是在大學任教或在中研院任職的人類學相關領域學者，有些則是新科博士。「芭樂人類學」是台灣第一個學術共筆部落格，開創了新的書寫風潮與形式，帶動了近兩年如「巷仔口社會學」、「歷史學柑仔店」、「菜市場政治學」等學術部落格的興起，成為學術人與社會接軌的新模式。「芭樂人類學」開張至今六年，累積三百多則芭樂文；本書自部落格節選三十一篇精采文字，重新改寫編輯。

芭樂，要怎麼吃？

本書從人類學觀點探索日常生活、文化況味、社會張力、與世界百態。全書分為五個單元，逐步探索人類學的特色。

首先是「芭樂人生」。人類學家最擅長從日常生活的柴米油鹽和小確幸中參出一番道理，洞悉文化的潛規則，讀出另一個層次的故事。無論是買菜煮飯、享好料也吃剩菜，還是八卦嚼舌、與黑道同台、到夜店「交友」、遇到工廠鬧鬼，或者到偏鄉當志工、結婚生子，之後為陰宅陽宅看個風水——這些生活中稀鬆平常的事情，卻是人類學家最擅長觀察分析的主題。在這單元中，人類學家化身日常生活偵探，隨時就在你身邊，將習以為常、視而不察日常生活切片，揭露其中多重層次的糾葛，挖掘深層的意義——這不是小題大做，拿著放大鏡找題目，而是因為文化構築於日常生活的點點滴滴，逐步內化到我們的身體裡面，唯有透過對日常生活的分析，才能梳理出來。

芭樂從南美來到台灣，可謂「飄洋過海的芭樂」，人類學家也有芭樂這種全球走透透、探索世界的精神。人類學從異文化研究起家，游移跨界，整個地球都是人類學家的田野地。有趣的是，當人類學家談「世界觀」時，看的往往不是歐美，本單元中幾位芭樂人類學者將敘說他們在印度、中國、馬來西亞、帛琉、韓國、以及印尼的奇遇。隨芭樂人類學家出田野，讀者會發現做研究不只是請客吃飯，更不是空降做個訪談問卷，得要會十八般武藝，包括跑快遞、過荒唐的耶誕節、參加喪禮、種芋頭、唱ＫＴＶ，和看電視吃泡菜。更重要的是，如何超越「異國風情」、「奇風異俗」的刻板印象，進入在地的視角；在過程中，透過對照與比較，更能夠看見自己。

談到芭樂就免不了要聊聊「芭樂歌」。芭樂歌曲調重複，歌詞老梗，多半被歸類為不登大雅之堂、缺乏深度的靡靡之音。然而芭樂歌的特色在於曲風琅琅上口，一個不小心就「繞樑三日」，揮之不去，因此是大眾排行榜上的常客，不同世代共享不同的芭樂歌，恰是反映文化差異的一面鏡子。其實這些身邊熟悉的旋律，正是以庶民文化隱而未顯、有聲有色的一面為基底。音樂與舞蹈是社會文化的回音，從多樣性的音聲地景——胎教音樂、饒舌歌、卡拉ＯＫ的愛拚才會贏，亦或南非的科拉琴——人類學家可以聽到隱藏的音符，觀微知著，本單元示範芭樂歌可以如何換個方式「聽」。俗話說「嘴巴說一套，但身體很誠實」，文化在習而不察的狀態下雕塑了我們的肢體慣習；人類學強調親身體驗的研究方式，透過實作，開啟感知與思考。在此單元中除了音樂展演議題，也呈現人類學的研究超乎個體、連結到更大的整體，從情感到結構，從文化遭逢到權力關係，從家庭到全球。

每逢選舉，政客總是漫天開支票來騙選票，但多半都是「芭樂票」。政治可不是政客或政治系、法律系的專利，對於時事、政策爭議、風險管理、權力關係，人類學自有一套不同於一般時論的見解。無論是在地政治、選舉現象，還是社會運動，在「芭樂票」的單元中，人類學家進行從地方到全球的政治除魅。人類學家發的「政治文」不侷限於狹隘的政治，更全貌地著力於不同範疇之間的糾葛，因此政治脫離不了宗教、環境也脫離不了政治。此外，人類學研究特別強調貼近行動者的內在觀點，因此鄉民應報觀的想法，瘋政論節目call-in的民眾觀點，人類學家都虛心聆聽，而受芭樂票之害最深的底層弱勢村民的故事，也需要被書寫。

人類學有實證研究的面向，但也十分重視人們對事物的詮釋、現象的意義，以及懷抱的價值觀，和對世界的想像。這種切入途徑與其他學科有所差異，以經濟為例，人類學家眼中的經濟即是生活，是一種價值觀選擇，是對理想生活的想像，無法被一堆專家和專業名詞定義與壟斷，也無法與其他社會層面切割。本書最後一個單元「芭樂的異想世界」中，面對新時代的挑戰，人類學家分析問題背後的預設——無論是資本、貿易、土地、生命、國家彼此間串起來的意義之網，或不同行動者的社會想像差異，以及權力關係。同時，透過對文化多樣性的理解，人類學家忍不住探究主流之外的另類可能——讓想像力飛，協力思考台灣未來的出路。

◉芭樂園夥伴的共做實驗

人類學知識有許多特點，無論是在地觀點、文化的厚度、全貌觀、比較研究等，人類學的知識與日常生活緊密連結，從地方到全球的諸多議題，人類學都可提供分析的視野，思考解決的方向。此外田野工作和民族誌等人類學方法論也常被其他學科借用（或是誤用、挪用）。有這麼多好東西，絕大多數學者都認同人類學要面向大眾，發揮社會影響力，然而大眾人類學的書寫卻不常見。最主要的原因是學院派菁英主義的影響，認為學者應該只要專心做研究、寫學術文章就好；在學術體制的運作框架下，大眾人類學的作品不計入「績效」，對學術聲譽也沒有幫助，甚至被貼上「不務正業」的標籤。即便是對大眾書寫採取開放態度，願意嘗試的人類學家也往往不適應書寫方式的轉換。此外，人類學家傾向全貌地關照問題，了解其複雜性和多重觀點，擔心大眾書寫容易把問題單一化、本質化、去脈絡化，因此往往需要更大篇幅來交代前因後果，也無法如一般時事評論般反應快速。

「芭樂人類學」企圖挑戰、甚至翻轉這樣的框架限制，透過新世代的群體力量，一同書寫大眾版的人類學，做為人類學公共性的一種途徑。這是反思後的實踐，透過群體的合作，在過程中創造友善的學術環境，形成良性的循環，讓更多人能加入共做行列。幾年來，許多作者發現這項行動得到非常好的回饋——畢竟相對於束諸高閣的學院論文，芭樂文能觸及的讀者數量是千倍甚至萬倍！另一方面，芭樂人類學不只是人類學家將知識轉譯，單向地對大眾進行知識傳播，而是雙向的過程：寫手們琢磨該如何清晰地表達理論概念，而採用的新文體形式，對學科知識性質不可避免地產生微妙的轉化效應；同時間，芭樂作者們需要時時挖掘題材，而非侷限於原本的研究田野。於是，人類學者們看待台灣社會當下現象與問題的眼睛被磨利了，芭樂推著學者離開象牙塔，對於學術知識體系與台灣當代位置的思索，也在學術界帶來反思和轉變。芭樂人類學未必是對體制「截然的反抗」，而是一種另類卻可以並行的道路的試探。芭樂人類學的出現不是否定學術書寫的價值，而是希望藉由不同的實踐途徑，為人類學注入活水，邁入更寬廣、多元、自由、平等的世界。

本書是二十六位芭樂農友的協力之作，其中林秀幸與鄭瑋寧在策畫期間提供了許多想法。感謝六年來參與芭樂人類學的寫手們，貢獻文章之外還每年掏腰包認股維持網站營運。礙於篇幅與書籍主題，有些一起耕作芭樂園的農友的文章，這次無法收錄，歡迎讀者到部落格閱讀他們精采的文字：日宏煜（Umin Itei）、王舒俐、司黛蕊（Teri Silvio）、石岱崙（Darryl Sterk）、邱斯嘉、林文玲、林圭偵、林秀嫚、林怡潔、林益仁、林徐達、林開世、林靖修、李威宜、柯朝欽、洪廣冀、洪馨蘭、施永德（D.J. Hatfield）、高信傑、高雅寧、徐斯儉、陳文德、陳怡君、陳建源、許馨文、張雯勤、張藝鴻、傅可恩（Kerim Friedman）、彭榮邦、葉秀燕、楊政賢、蔣斌、蔡政良、鄧湘漪、劉子愷、劉紹華、劉璧榛、譚昌國、羅永清。

此外要特別感謝張藝鴻，以數位型態書寫、每週固定上架的點子是他率先提議。藝鴻負責芭樂人類學網站的建立、改版、與日常維護，六年來默默無償付出，是芭樂人類學背後重要的支柱。另外也謝謝巧玲和德齡兩位編輯的慧眼與協力。

由於這本書源自美好的合作，是許多人類學者為了公共的目的無償地甘願做、歡喜做，因此作者群也決議將版稅回歸初衷，除做為芭樂人類學網站後續營運經費，將設立相關獎助，鼓勵新生代加入耕耘大眾人類學的行列。

最後，我們要將這本書獻給親愛的夥伴陳伯楨。伯楨是芭樂人類學共同創始人之一，他以「芭樂貓」為筆名，共書寫了十四篇芭樂文，本書收錄了其中兩篇。他熱情幽默，近兩、三年擔任值班小編，許多文章都是他上稿貼文貼圖，協助維持芭樂園的運作。伯楨於今年暑假驟然離開了人世，謹以此書紀念他，一位永遠的芭樂人類學家。

二〇一五年九月於南港

芭樂人類學

PART 1
芭樂人生

● ● ● ●

人類學家最擅長從日常生活的柴米油鹽和小確幸中參出一番道理。

無論是買菜煮飯、享好料也吃剩菜，還是八卦嚼舌、

與黑道同台、到夜店「交友」、遇到工廠鬧鬼，

或者到偏鄉當志工、結婚生子，之後為陰宅陽宅看個風水——

這些生活中稀鬆平常的事情，卻是人類學家最擅長觀察分析的主題。

人類學家隨時就在你身邊，將日常生活切片，

揭露其中多重層次的糾葛，挖掘深層的意義。

而且最終會發現：人生海海，金山銀山到頭來不過是一顆芭樂。

● ● ● ●

從菜市場到廚房：一種日常生活的「微物論」

林秀幸

交通大學
客家文化學院
人文社會學系副教授

害怕備課，疏於閱讀，不愛管學生的老師；最喜歡寫完東西，被認真讀，用力讚美的作者。

煮菜時煮的不只是菜，廚房也不限於空間的房。我們的每日生活其實不斷地透過物，和社會進行連結。我們也透過和物的共做，不斷地體會社群和自我的關係，以及生命與創造的連動。另一種「微物史觀」，從煮菜開始……

◦脈絡／去脈絡？

沿著台三線，一路上都是客家菜小店的招牌。老家附近的店，我大概知道其優劣，但是我忍住飢餓，為了回家吃昨天的剩菜。我要在這裡替剩菜說話，剩菜不見得不好吃，譬如我的剩菜是一鍋紅燒肉，還有竹筍、絲瓜、魚湯，其實相當豐盛。但是我們總是很容易被路旁的小吃店吸引，而不願回去面對舊菜。我們經常虛情假意地把剩菜冰起來，三、五天之後，昧著良心，再名正言順地把它丟掉。

於是我忍住了，回家善待我的剩菜，感覺上少了一分對地球和那些菜的歉意，沒有浪費。剩菜是倫理問題，要鼓勵自己面對它，雖然它失去新鮮感的刺激，可是一旦你煮了它，它就屬於你，天底下沒有其他人可以代替你把它吃完。（任何關係都是這樣嗎？）別誤會，我其實沒有做到每次都完美處理它的境界，也會抱怨煮菜過程的龐雜和勞時勞力，採買、洗菜、烹煮、收拾、剩菜的處理……唉，好複雜的工程。但是有什麼關係不複雜？

但是如果天天出去吃呢？不僅是吃膩與否的問題，還會有一種沒來由的阻斷和空虛感——你和食物的關係被控制了，被限定在某一種相位和階段，只得到其中一個片段：「進食」。（或許加上「哇，好好吃」或「好難吃」的驚嘆號。）而這或許就是「消費者」的含義吧！曾經看過一句話，「何時我們獲得了一個『消費者』的稱號？」時至今日，我參得了那句話，以及這個稱號的深層含義，也就是和物的接觸限定在某一「片段的愛」，沒有連續性的片段激情。脈絡決定態度，一旦脈絡被限定在某個片段，我們和它的關係，很可能淪為一種「吞噬」，這大概也是購買性的性關係在道德上比較難被接受的原因吧（法律上似乎見仁見智）。

人和人的關係總是比較容易引起倫理上的辯論，但是人和物的關係呢？從我們常掛在嘴邊一個詞開始：「去脈絡」。脈絡這麼重要嗎？為何我們需要脈絡？就像人類學家紀爾茲（Clifford Geertz）所言，人是那種自己編織一個意義之網，好讓自己鑲嵌在其中的生物（和蜘蛛類似）。紀爾茲這樣說時，意在那個自我編織意義，自我安適的人類特性。然而我卻畫錯重點，看到「網」狀體——類似蜘蛛的，非線性的網。這裡觸及到人的本體論，人類需要一種網狀的意義嗎？（下次看到蜘蛛網和蜘蛛，不要破壞牠們，牠們和你關係密切。）讓我們從「自己煮」這個現代寓言開始探索吧！

◎從菜市場開始的人情計算

「自己煮」在當代意味著什麼：採買、洗菜、烹煮、收拾（也就是人見人嚇的「洗碗工程」的修飾語）、剩菜的處理，以及冰箱的管理——哇，好大一串的工作。但是我們若仔細爬梳可以發現，這麼一連串的過程，每一個階段，都在其社會關係裡編織它的意義之網，勾連一個網狀的社會過程。

從買菜說起吧。回到老家買菜是一大社交學問。蹲在那裡賣菜的叔婆，攤位上只剩一堆蔥，而你今天實在不需要。你猶豫了一下，告訴自己：她不缺錢，在這裡賣菜是做健康的；如果今天心情不錯，終究體認到親戚大義，第一順位還是會繞到她的前面買下一把蔥，意思意思，才敢走到別攤買你真正需要的菜。但是這並不保證下次你不會狠下心逕自走到遠一點的那攤，避開親戚難題。

然後走到豬肉攤，由於從父母那代就和他們家買到現在，你得喊老闆娘一聲姊姊。「姊姊，有沒有做焢肉的肉？」她拿給你的，你不敢思量爭辯，你想自己應該是得到應得的。你料想她做過全社群的通盤考量，才分給你這塊：別人家有老人家，要最軟的；哪家買得勤的，得到更滿足的願望實現；哪家需要祭祀的、哪家有嬰兒的……，這些都在她的人情計算內，你自忖你就是得到自己可以得到的，也不用囉嗦了。一圈走下來，你得到的是社群關係和個人需求不斷地協商的結果，不多不少。你畢竟心滿意足，透過你的思量、你的行動，感覺著生活周遭的網絡再一次地被確認；感受到這個網絡的動態性「微調」的動感，而你就是最後的決定者。

為何我們的父母或祖父母可以一輩子都在權衡維持人際關係？也許那就是他們一生的技藝展演，在親戚朋友之間挪動各種能量，以滿足當下實態。雖然我們覺得費事，而且太費心在這上面也顯得沒什麼遠大志向。但是我們現在似乎也太不費心了，代之以各類資本論高下，沒什麼人情義理。人情「義理」不是和稀泥和互通利益，雖然這之間很難拿捏。沒有人相信抽象理性的存在。

日常生活的互動判斷總是在考驗我們的價值、習性和勇氣，能不能在一瞬間做出合宜的反應，而這個反應又影響著我們的下一步，結構或是網絡（這兩者有時很難分辨）就是這樣被實踐出來的。因此文化和歷史各有所司，文化給我們某些參考體系，但是歷史上的人，真正的人，卻以人的能力實踐出典範，令我們心儀的典範。回想一下我們追溯的那些英雄：他們總是在外在結構和可以彈性運用的網絡之間，以近乎藝術創作的方式實踐了人情和義理。一如《天馬茶房》裡的天馬師，我最喜歡的電影角色之一。一個動盪困難的年代，一個轉角的咖啡館，一個劇院，他在國民黨軍隊、在地人以及有夢的年輕人之間斡旋，努力地讓周遭的人得到一個適意的空間。

始於「限制」的文化脈絡

談得遠了，再回到廚房吧。買完菜接著要洗菜。買菜時，如何在清洗難易和營養價值之間取捨是項考驗，幸好最好洗的綠花椰和高麗菜營養價值都還頗高。夏天的首選當然是小黃瓜囉，但是偶爾還是會良心不安，不想完全被懶惰綁架，你下定決心買了菠菜。天啊，世紀難洗，但是為了不浪費，你還是忍痛花了二十分鐘洗菜。為了家人，母愛真偉大。雖然你在個人可以支用的時間和當母親之間擺來擺去，但是「生命」的真實感，讓你不太敢忽視和真實的生命的關係；也因為生命的存在，讓我們可以稍微防範偽善欺騙，因為生命不會說謊，它如實呈現你說的，你做的。其間也不是沒有浪費，任憑葉菜發黃最後棄置，相信是很多人共同的心虛之處。

烹煮則是發揮創意的尖峰時段，你可以在家庭或地方傳統菜餚的基礎之上任意變化。懷念媽媽的手藝，引進新的素材，感受不同食材的性質與組合，而總有幾句媽媽的廚房格言你會永遠記得。從客家菜的人類學觀察，即可看到烹飪的文化脈絡。

所謂客家小炒，其實是祭祀後的限制性搭配。客家人祭祀時有三牲：豬、雞、魚，在那個山區不容易覓得新鮮大魚的時代（溪魚多不大），魷魚乾成了代替品。而其中的豬肉和魷魚就近搭了起來，成了今日熟知的小炒絕配。這是我吃過少數肉加肉卻不太膩的組合，但一定要加蔥或是芹菜，增加葉子味。祭祀時燙雞的高湯，就是做蘿蔔湯和筍子湯的湯底。去年醃好的鹹菜剛好拿來煮祭拜完的豬，成了鹹菜豬肉湯……。當年它們是在祭祀的框架下被兩兩相配，但是卻成了我們現在做菜時思考的起點。這樣一個起點，來自於一個既有的限制：山區不易覓到魚，卻成了你的文化特色。「限制」果真是美感的來源，是文化的出發點。或許這就是紀爾茲所謂的「原生性」（primordial）。很多人把這句話詮釋為「血緣」，但是我寧願看做是美感。人，就是一種限制和創意的協調，從中我們體會到「社群」的真義。

我母親是做菜高手，據說是來自外婆的家傳。父親經常不預期招呼親朋來家裡作客，母親總是可以急就章變出一桌菜。長大後回想，她做菜從不照食譜，就可以從冰箱既有的食材變出菜來。（這是李維史陀講的「就地拼裝」（bricolage）台灣版。）她掌握的，應該是食物相互之間的關係原則，所以臨時才能搭得出來，而這樣的關係原則不僅關乎食物個性，也是文化上的。

什麼叫食物個性呢？譬如蘿蔔是冷性的，因此蘿蔔糕最好用煎的，蘿蔔湯要加肉。但是一旦曬過之後，蘿蔔的冷性就消失大半，陽光轉變了它的性質和風味，一種發酵的概念。那麼文化上的呢？譬如客家人對待雞的慎重。相對於鴨的多種烹調方式：炸的、炒的、煮的；雞肉很少過度烹調，大部分以白斬雞出現（這道請選用土雞）。除了鴨肉腥味較重的因素之外，我認為這和雞在客家人的祭祀裡扮演的重要角色有關。雞是家戶祭祀的主角，需要家庭成員細心的養育，它是被馴化的飛翔物，暗示家庭以及可能的空間的擴展。社群裡的主廟舉辦閹雞大賽，每戶家庭競賽著手藝和成員的合作。因此在客家庄請吃大閹雞，意味著高超的養雞手藝、家庭齊心齊力（solidarity）的展示，以及社群的分享。

因此白斬雞是家庭以及外延至社群的象徵，是餐桌的核心展演。小時候聽大人說，請客沒有雞盤就是「不像」(不像樣)。由雞為出發點，再一層一層搭配：小炒、焢肉、青菜、湯……客家菜不求複雜，有一定的核心並外延的餐桌景觀（landscape），求簡單的美味，這種簡單也構築了生活的美感之一。當有新的食材加入陣營，究竟是按照文化還是食材特性搭配，就看主廚的巧思了。創意構築在一定的原則和既有的美感經驗裡發展。

手工鍛造的「自我」

吃完飯則要洗碗，這是考驗省時效率和環保價值的最佳時刻。你剛煮了一碗麵，撈完麵剩的麵湯水是最佳洗碗水。它環保，不用因為害怕化學殘留而使用大量清水沖洗，而且麵汁和油漬會相互結合，不增加地球的化學負擔。但是你轉念一想，太麻煩了，要把麵湯水重新加熱，還要懂得衡量如何讓麵湯水剛剛好夠用。用洗碗精快速、精準、無油漬殘留，要用多少就倒多少。你猶豫來猶豫去，either or, either or……。看那天心情和良知的組合指數，你做出最後決定。

這裡的每一步都涉及外部的社會關係和內部的意義體系的互相協商和創造。換言之，就是社群關係和自我的聯繫，價值的優先順序和存在意義的反思和判斷。人在每一次的「either or」之間衡量和抉擇，複數的價值體系也在這每一個步驟裡被迫呈現和協商。你不斷地在抉擇中體會社會和自我的限制、可能和創造，而非單純的臣服關係。而「自我」也在每一步的衡量和行動中被「手工鍛造」(crafting the self)。

這樣的體會自我，或許是體會生命力真義的一部分，也或許就是手工藝的魅力所在。手工，不只是餅乾和肥皂，還包括這些社群關係和其勾連的意義體系。在每一個人與物、人與人的關係中，鋪陳個人的倫理和美學。這也是為何年輕人希望創造一個「親近性」的產業，回到和人與物的近距離接觸。身體與意念介入的自我鍛造，是抽象理念的基礎所在，而全球化的大跨距讓這些遭逢、協商、挪移或冒險迅速消解，經常只剩結構暴力。

這是為何我極少進入美式速食店。最直接的原因，不在於「抵制」它的龐大資本和跨境撈錢，而是它們看起來就不像食物，就是因為這個巨型的距離和資本，讓它不像食物。食物不僅是屬於味覺和嗅覺的，它也是社會網絡的連結處。透過和社會網絡的結合（不只是進食），我們結合的是食物背後的社會關係和意義之網。速食店食物的規格化，缺乏社會連結的痕跡，總是讓我無由想像它的背後，或是只能想像鏈條和工廠。也因此喪失我們可以介入的創造、偶然和詩意。跨距的增大，和脈絡消解等比例地在發生。這也是某種生產意義的消解。

但這並不意味著我拒斥大跨距的結構，而是我們如何擺放這些巨型結構在我們生活中的位置。有時候我們在小社群裡經常面臨令人窒息的關係，出去透透氣，意味著一種新鮮空氣，當然也是新關係的尋找。更大的結構隱含更大的權力，有時候並不全然是負面，某個社會學家說過，權力也有正面的意涵。譬如，一個失衡的家庭關係經常以外在更巨型權力的介入來改變其中的生態，那麼問題就似乎變成我們如何運用這些不同屬性的社會力，巧妙地擺放其在生活中的位置。

人類學強調在日常生活中挖掘個人與群體的關係，文化和歷史的互相建構，以及驗證何謂生命力。在這個全球化令人窒息的年代，我們開始關注日常生活裡的「微物論」，不在於它的大小，而在於進行與全球化相反的想像和創造。經驗著這種水平式的關係美學，和全球化的垂直分工恰成對比。這恰恰是人類學的田野大放異彩之處……「日常」是巨型結構落實在生活的場域，也是它被翻轉前的煉金術士工房。而人類學恰恰是這裡面藏匿的祕密之金鑰。

人類學家的餐桌：蝸牛、野菜和 *cekiw*

羅素玫
Alik Nikar

台灣大學人類學系助理教授

長期於台東阿美族都蘭部落做田野，一九九八年開始成為都蘭部落年齡組織拉贛駿組的成員。研究領域包括儀式、性別、原住民傳統生態智慧等課題。自二〇〇九年起，於印尼峇里島發展有關當地華人社會歷史與族群互動的人類學研究。

飲食的課題在人類學研究裡經常出現，然而卻充滿不被重視的矛盾。早期人類學的飲食書寫作者多為女性人類學者或是人類學家的太太，在學科書寫的政治上帶有一種非正統的污名。直到著名的人類學家明茨（Sidney W. Mintz）撰寫了經典的飲食著作《甜味與權力》（*Sweetness and Power*），探討關於糖的生產歷史與消費過程的權力關係。他一方面揭露了糖的生產、土地的掠奪、奴役勞工的帝國史和早期全球化的產品運銷；另一方面則從社會如何賦予糖意義和價值體系的演變著手，既微觀又宏觀，精彩地呈現了糖的權力演進史。他在《吃：漫遊飲食行為、文化與歷史的金三角地帶》（*Tasting Food, Tasting Freedom: Excursions into Eating, Power, and the Past*）一書中也提到，人類的飲食行為絕對不是「純粹生物性」的行為。每一口食物，都包含了吃下它的人的種種歷史；而取得、處理、烹調、上桌、消耗食物的技術，也全因文化而異，背後各有一段歷史；此外，每個文化對進食總有約定俗成的意義與象徵內涵，並藉以傳達思想。

人類學家的入學考

在跨文化的學習裡，食物扮演了一個不可或缺的媒介與必須學習跨越的門檻。讀過《憂鬱的熱帶》的人都知道，書中充滿了各式各樣奇特食物的詳細描述，大學時我最愛拿裡面提到的怪異食物來嚇那些穿著白色蕾絲洋裝的淑女同學們。初進田野的李維史陀把這一次的食物經歷稱之為「成年禮」(initiation)，其震撼力可見一般！其中，最精采的莫過於「可洛」(*koro*)——一種大量出現在腐爛的樹幹中、淺白色的蛆。當時在巴西聖保羅大學教書的李維史陀常趁著假日，邀請當地博物館的館員帶著全部家當，和他一起騎馬進森林尋找印第安人。如果突然造訪印第安人的屋子，你可能會瞥見一碗蠕來蠕去的蛆，但馬上就會被主人藏起來——由於擔心受到白人恥笑，印第安人不願對外承認這是他們心目中的美食。

李維史陀很希望能嚐嚐這滋味，但要參與一場「可洛」的盛宴可不容易，李維史陀自稱像個陰謀者般地計畫著。終於，他們遇上一位因發燒生病而落單的印第安人，李維史陀等一行人先用了一番心思把斧頭放在他手上，但他似乎不明白這些人到底要找什麼。因為不想再落空失敗，李維史陀他們最後只好明白說出：「我們想吃些『可洛』。」終於成功了！他們把這位印第安人帶到一棵大樹旁邊，他往樹幹上砍了一斧，藏在樹幹深處、數以千計的小格子整個暴露出來，格子裡一隻隻肥胖、乳白色的生物蠢蠢欲動，外型跟蠶類似。李維史陀這下子落入一個必須信守諾言的困境。印第安人面無表情地切斷他替人類學家尋找到的獵物，蛆的身體噴出一種白色的油性物質，李維史陀遲疑了一陣子，不過最終他還是試著嚐了一口。它的口感兼具黃油的稠厚和細緻，至於味道呢？像椰子汁。

再看看其他李維史陀吃過的南美印第安美食清單：乾肉、雞肉、米飯、黑豆、木薯、鳳梨、木瓜、西瓜、「驢茶」（玉米加牛奶）、「少女的唾沫」（一種淋上蜂蜜的酸乳酪，吃起來甜甜酸酸，其實法國人也常這樣混著吃）。另一個可與李維史陀的「可洛」盛宴比擬的食物震撼，是我從民族誌影片上看到的，喀拉哈里沙漠的「!Kung」（即《上帝也瘋狂》電影裡的布希曼人）吃的「火烤甲蟲泥」！雖然早在二十年前就有許多啤酒屋流行將蟋蟀炸了下酒，但是沒有加上麵粉、胡椒鹽、蒜頭、九層塔來增添香氣的甲蟲泥，我想除了喀拉哈里沙漠的住民，很可能只有某個吃過這道「美味」的人類學家，才知道其箇中滋味吧。

遠征異地的人類學家，飲食任務通常都比較艱鉅。至於我自己，還挺愛吃阿美族的食物，我在田野裡最被老人家們津津樂道的特質之一，就是能吃下擺在我面前的各式食物，不論是炒的或煮湯的蝸牛，還是田鼠、飛鼠和青蛙！阿美族的珍饈*siraw*（生醃肉）我也愛得很，更不用說我本來就嗜吃的章魚，或是盛傳的阿美族式的早餐：龍蝦、九孔、生魚片。（後面這三樣我只吃過少少的幾次，基本上也只在遇到家中有「海龍王」稱號的青壯年男子才有機會享用！）至於海膽，我的第一口海膽是在田野中吃到的。剛捕上岸的海膽，用海邊隨手可得的漂流木烤熱後，立刻敲開硬殼，一口吃下！充滿著海洋的狂野氣息，是我此生最難忘的美食！相較之下，高級日本料理店的生海膽，說實在的，反而有一股像漂白水的怪味。

不過有個道理我始終都無法理解：為什麼清洗得氣味全無、一點點黏液內臟都不留的蝸牛肉，被放進人造的、六個圓洞的陶瓷製蝸牛盤，和上西洋香菜、蒜泥、奶油，放進烤箱烤個六分鐘，擺在桌上叫做「法國美食」，一盤可以賣三、五百元；但是我在田野裡吃的龍葵野菜蝸牛湯卻很難被一般人接受？我之所以要替阿美族的蝸牛平反，當然也是因為我跟蝸牛的交情不只如此。在田野裡，我才知道蝸牛是可以養在籠子裡的。我的*Ina*（阿美族語的媽媽）就曾經帶我見識過她和她媳婦高明的採集工夫，不論是大雨後泥地上的「情人的眼淚」（雨來菇）或是一整個雞籠的蝸牛，對我這個手無縛雞之力的都市弱雞來說，還真的是挺壯觀的呢！另外，最近我才知道原來西班牙瓦倫西亞地方的美食——番紅花海鮮飯（Paëlla）裡，也加了蝸牛，而且他們也像阿美族一樣，會把蝸牛暫時養在雞籠子裡。阿美族的媽媽們告訴我，養在籠裡，是要讓蝸牛把已經吃進肚不乾淨的東西清乾淨，瓦倫西亞的媽媽們更有一個絕招：為這些清腸胃的蝸牛們準備百里香大餐。所以海鮮飯裡應該還會充滿著蝸牛身上散發出來的百里香氣味？嗯，應該是挺不賴的吧！

食物的記憶與技藝

田野中的食物總是充滿了各式美好的記憶與技藝，其中我還有一個小小的祕密，喔，其實這也沒多祕密啦，我早就拿來喚醒每次在課堂上昏昏欲睡的學生好多次了。在剛出田野階段的本人還是未婚的窈窕淑女嘛，有一回家族聚餐，我阿美族的二哥打開冷凍庫拿出一條魚，轉頭跟大家宣告：「這是Alik的魚。（Alik是我的阿美族的名字，意思是「勤勞地樁米的女生」）」在旁的*Ina*和其他哥哥們都露出一副了然於心的神祕微笑，我卻完全想不通，心想我又沒去街上買魚回來，怎麼會是我的魚呢？魚不都是家裡的哥哥們去捕的嗎？我一頭霧水，搞不清楚他們到底在打什麼暗號。

後來我才知道，原來部落裡的男生有意追求女生的時候，會把代表自己能力之一的魚主動送到女孩子家中——喔，有～人～送～魚～給～人～類～學～家～耶～這，實在是莫大的榮幸呀！雖然之後再也沒有魚主動地出現在我們家的冰箱裡，那位英俊的阿美族勇士也很快就找到美麗賢慧又大方的妻子，不過我還是由衷地感謝那位「善心人士」。

即將結束博士論文田野工作的時候，我起了個念頭：我想殺頭豬，答謝部落裡大家對我的諸多幫忙，便詢問家族中的長輩要如何執行。我的*Ina*認為應該邀請所有氏族

（*salawinawina*）的長輩會商，所以就在固定舉行的親戚會（*ciukuya*）上請示了會計跟其他 ***faki*** 與 *fa'i* 們（男／女性長輩），先決定日期，再正式邀請部落現任頭目、老頭目與其他重要的賓客一起來家裡吃飯。我參加的年齡組織「拉贛駿組」夥伴們覺得他們應該要幫忙，但由於兩邊成員有些重複，所以到底要怎麼協調、由哪邊來舉辦等等，一直到舉行當天我都還摸不著頭緒，也沒有任何人可以清楚地告訴我。

然而這也是我最佩服阿美族朋友的地方。當天早上時間一到，屬於年輕輩年齡組織的成員就自動動員起來，幫忙抓豬與殺豬的工作；材料準備好後，就由阿美族家族的親戚們默默地接手煮食，準備了當天晚上豐盛的晚餐；隔天，再由年輕輩年齡組織的成員進行一場「完工」儀式，也就是阿美族完成重要儀式都會進行的「八個浪」（*pak-elang*），大家輕鬆地把酒言歡，我也學習傳統「八個浪」準備了象徵感謝工作者的禮物，包在報紙裡面，由年齡組組長和會計一一唱名，送給所有參與前一天工作，和陪伴我走過田野工作中許多重要學習時刻的拉贛駿夥伴們。

我還有幸參與過部落裡全家族和年齡組總動員的「八個浪」盛宴：家族中所有的親友先三三兩兩前往海邊祕密基地採集，再送回主事者家中準備盛宴；這與今日因為族人大多旅居外地、工作環境不允許請長假，加上新世代不再熟悉採集技藝，而改採辦桌形式的「八個浪」大不相同。在感嘆採集文化和飲食文化意義嬗變的同時，我們只能在餐桌一隅跟著長輩享用他們默默從一旁拿出的新鮮醃魚、魚內臟，和少數一、兩盤象徵性的現採美味貝類（*cekiw*），一邊回味過去豐盈美好的環境文化習俗和時光！有「海王子」的家族，也時常在臉書放上寫著「阿美族早餐」的現抓龍蝦照片，並準備接受一長串的外送呼聲和讚嘆回應！

可見，這些海中珍饈絕不只是好吃的而已，誠如明茨說的，吃某種特定的東西，不只是為了有飽實感，更是想達到某種解放，或是一種表明態度的外在方式。近年來，隨著東海岸土地被掠奪開發的危機，年輕人更加認同「採集食物」的價值，讓這項傳統技藝在年輕一輩的原住民間形成了新的嚮往和學習風潮。可見食物意義的深遠與否，並非一成不變，而是充滿力量和象徵的文化溝通語彙。

重新學習食物的價值

隨著世代的成長，我參加的拉贛駿組在二〇一〇年晉升為總管組（*mikomoday*），成了年齡組織裡的中堅分子，負責豐年祭總務執行、主持大會，與領導其下由見習組、青年級到青少年級負責的所有工作。這個新的社會角色與位階讓所有成員戰戰兢兢地肩負起更重大的責任與使命感，年齡組織中的女性成員也接下帶領一年一度青少女訓練營的工作，帶領的老師設計了各式阿美族傳統女性技能，其中當然也包括教導年輕的小小姐們如何準備傳統阿美族女性擅長採集的食物，包括帶著她們採集，以及把食物帶回家後整理煮食的方式。

今日，年輕的女孩們即使跟著家裡的祖父母吃過各式阿美族的山珍海味，但由於父母親總是希望孩子多花時間讀書寫功課，她們實際上與傳統環境生活智慧之間的互動是很少的，多數孩子甚至直到參加訓練營，才第一次跟同儕到田裡或野外採集，重新認識自己從小就常在家裡餐桌上吃到的野菜、海貝生長的樣貌。拉贛駿組的婦女裡原本就有幾位擅長海邊貝類與野菜採集，及烹調傳統食物的高手，上一級的年齡組織「拉元簇組」也派人支援協助，看著她們努力克服自己害羞不擅言詞的障礙，認真地討論與示範應該如何傳承阿美族的飲食技藝，讓這些表面看似尋常的日常飲食味道，也開始變得不平凡了起來！

八卦，不簡單！

郭佩宜

中央研究院
民族學研究所
副研究員

研究環繞大洋洲與南島，尤其是歷史的和當代的人與人、人與物的複雜關係。人類學家面臨的挑戰是理解與再呈現複雜，並於動態的複雜世界中找到安身立命之道。

「維基解密」近年來大批公開匿名洩露的機密文件，經常引發全球政界震撼，其中關於台灣的部分，顯示藍綠諸將輪流在美國在台協會（ＡＩＴ）官員面前爆料自家人，數年前揭露之後自是一片尷尬、否認。不過媒體報導的內容實在沒太多祕密性可言——難道大家不知道馬總統和多位藍營大老不麻吉嗎？金小刀黨內人緣不好，蘇貞昌、謝長廷和小英有心結，報紙寫得還不夠多嗎？上述「祕密」讓人看得哈欠連連，不禁問：「牛肉在哪裡？」喔，還真的有耶！維基解密中提到當時台北市長郝龍斌跟ＡＩＴ官員自爆早上反美牛，晚上回家吃美牛，國民黨立委黃昭順則跟ＡＩＴ官員八卦郝龍斌只是利用美牛議題轉移文湖線頻頻出包的注意力。

洩密，還是解密？

WikiLeaks，字面上應該翻譯為「維基洩密」，但台灣多半譯為「維基解密」。從美國國務院觀點來看，這無疑是「洩密」，因為公布的是美國情報蒐集的電文，「洩」漏美國外交體系內的機「密」文件。其中暴露了很多情搜的「線民」（例如出現「朱立倫〔protect〕」，標註要保護這位「線民」身分，卻被曝光），讓國務院跳腳；一些情報內容錯誤（和或許以之為本的決策）也讓人對其品質搖頭。但更結構地來說，裡面揭露了美國外交情搜的運作方式與報告範疇，包括外交人員喜好八卦，和對政要以辛辣文字品頭論足的慣習。因此從非美國觀點來看，WikiLeaks的內容比較像是「解密」，解答了為何美國有些外交政策看來不太聰明，以及國內外政治人物為何有時暴走。

上述藍綠政治人物彼此不合的「情報」，AIT官員看電視或報紙也不難知道，卻大費周章寫進報告裡面，羅列時、地、人、事，這就引起人類學家興趣了：原來AIT官員也要寫類似「田野日誌」的東西，記錄和誰吃飯聊天，以及餐桌上的八卦內容，分析評論一下，還得把它傳給上級（「指導教授」？）。咦，這和人類學家做田野有一點類似耶——八卦不只是聽、講，還要筆記與分析。

人類學家早早就體認到，八卦是重要的日常社會現象，既然人類普遍喜愛八卦，自然不能不參與觀察。從進入田野開始，人類學家就成為社群八卦的題材——這算是人類學家打擾田野地的小小「回饋」吧。從語言還不靈光，到逐漸獲得社群接納，人類學家涉入八卦的深度慢慢增強，從被八卦的事主，開始成為八卦的聽眾。要進入八卦圈需要跨越門檻，得到社群成員足夠的信賴之後才能參加；而要聽得懂八卦內容，往往需要許多巷仔內的知識。因此能自在地在田野地參與八卦、聽懂八卦的意涵，有點像是資格考，表示對田野地的社會網絡和文化潛規則已經有一定掌握。

●「Why」和「how」才是重點

有趣的是，在某些情境下，人類學家比社群內部的人更容易聽到八卦——有時因為她／他是個外人，聰明的話多半謹言慎行，與社群的距離反而讓人更放心地傾吐，具有心理療癒的功能。另一方面，社群內的人有時認為外來的人類學家有比較大的「權力」（例如殖民時期，人類學家可能和殖民官員之間有較多溝通管道），於是透過八卦，透過「接納其為同一國」的展演，企圖將人類學家納入己方的盟軍；甚至在八卦中講講對手的壞話，可能有助於擴大己方利益。

回到前面所述：為何藍綠諸將紛紛去向ＡＩＴ爆料、交心，絡繹不絕？有評論認為像是去看心理醫生，把不能說的祕密講出來紓解一下。（機車但中肯！）也有人比喻為跟神父告解。（同樣機車但好像失喻了，ＡＩＴ沒有道德上的神聖光環吧？）其實，從人類學田野的經驗觀之，這種行為一點都不意外。

然而人類學家和ＡＩＴ官員畢竟目的不同，職業道德的倫理也不同。人類學家以保護受研究社群為首要，所以田野筆記即使記錄了八卦，都盡量使用假名、編碼，以免筆記不小心被翻閱（也就是洩密）時造成他人困擾甚至衝突。人類學家在其中的角色也要謹慎拿捏，盡信八卦或明顯選邊，都可能對研究計畫以及被研究社群造成負面的影響。此外，更根本的差別是：人類學家的目標是盡量跳脫自身文化包袱、學習當地文化，而非以自身價值觀臧否人物——人類學家有興趣的是看當地人如何臧否，八卦中的「who」和「what」其實不是重點，更重要的是「why」和「how」，這是一個文化學習的過程。

八卦是一種軟施力

一般來說，八卦的基本要素是在私人的場域、對於不在場的人、進行具有道德意涵的評論。八卦帶來的情緒具有兩面性：嚼舌根一方面會引起某些興奮，但同時也讓人略感羞恥。最早將八卦標舉為研究主題的學者是英國結構功能論者葛魯克曼（Max Gluckman），他曾說：「每一天，而且一天中很大部分的時間，我們多半都參與了八卦。」雖然有人吐槽，這麼高的八卦度並非普世皆然，恐怕只是反映了他所處的英國人類學界的小圈圈文化吧？但無論如何，人類學家在世界各地的確都發現八卦的存在。

葛魯克曼認為八卦有助於社會整合，人們常藉由分享八卦而有「同一國」的認同感。克尼芬（Kevin Kniffin）在大學球隊的研究指出，在（次）文化中，新成員藉由八卦習得文化規則，老成員則藉由八卦傳達、再肯認文化中的常規和道德，懲罰違規成員。

上班族常見的茶水間八卦，即有助於新成員了解公司的潛規則和權力關係，以免誤觸地雷。八卦是一種社會控制的機制，所謂「人言可畏」，鄰里間的八卦界定了道德的界線，規範成員的行為。八卦可以壓抑某些衝突，使之不會檯面化，讓大家能夠維持表面的和諧。

相反地，有些學者則認為以功能論解釋八卦太強調社會整體，但操作八卦者多半只是為了個人利益。如前所述，八卦是私底下的，不必撕破臉，有助於社會團結；但反過來說，由於不需公開露面，八卦往往不需負責（經常還可利用話術轉嫁他人，例如「我聽說……」），攻訐別人的成本很低。史翠珊夫婦（Andrew Strathern & Pamela Stewart）在巴布亞新幾內亞的研究即呈現了八卦和謠言製造的社會壓力，可能持續不斷的暴力與衝突。

綜合來說，八卦是兩面刃：有時維繫社會和諧，有時則撕裂彼此。八卦具有政治、經濟、心理層面的影響力，可以是壓迫或社會收編的工具，但有時也可做為微型抵抗的機制，甚至是「弱者的武器」。例如同事八卦主管，除了消解不滿的情緒，有時也可牽制主管。八卦可做為對上位者的反抗，也難怪台灣民間盛傳「死亡之握」、「馬金特殊性關係」。八卦是一種「軟」的施力，企圖達成影響他人觀感和行為的目的，但這「武器」效力如何可就不一定了，在新幾內亞的小型社會中，八卦經常是拉平權力的一項機制，有助於維繫平權社會；歐美政界不乏因八卦而羞愧下台的例子，但「死亡之握」的八卦似乎無法牽制上位者遂行己意。

八卦從來都不只是「表面故事」

人類學家對八卦的興趣當然不能只是好奇和窺探隱私，甚至是看好戲的欲望。除為了了解社群內人際關係的眉角而留意八卦，做為一種田野的技藝之外，更重要的是：八卦從來都不只是表面故事那麼簡單。不同社群的人，會/可列入八卦的內容不一樣、八卦的態度不一樣、八卦傳播的對象不一樣。例如八卦人人會說，但誰可以說什麼，經常受到文化常規的限制。例如在東加的努庫萊萊島（Nukulaelae），女性聚在一起八卦被稱為「捏造故事」，但男性聚在一起八卦卻是「閒聊」。

八卦中蘊含的社會常規及其彈性，因地而異。八卦之所以能夠說服別人，多半是源於原有的刻板印象，和文化中的邏輯與道德判斷，例如「死亡之握」與台灣民間「帶賽」的觀念有關，而帶賽造成災難與總統應該促進社會福祉恰成對比。如果以嚴肅的、學術的出發點去理解八卦，可能會有意外豐富的收穫：八卦能協助人類學者學習社群內道德規則，甚至透視文化編碼——八卦要有「效力」，參與者需了解並運用文化中的道德價值觀，有時也須具備特殊的語言技藝。八卦中的解密深度即在於此——且讓我稱之為「芭樂解密」（GuavaLeaks）。

八卦的操作技術有許多類別，常見的敘事是透過錯誤的因果關係來扭曲人們對事件的詮釋（如馬總統視察後摔垮的直升機）。不過不同文化裡，八卦使用的語言和非語言符碼其實不一樣。八卦怎麼說才「好聽」、高明，才能達到最大效應？班斯尼（Niko Besnier）從微觀的尺度、語言表演來分析八卦。他在努庫萊萊島的研究發現，當地人敘述八卦時會有戲劇性的停頓，並等待其他人的回應，這是該地特色的八卦模式。布雷尼（Donald Brenneis）發現斐濟的印度裔在八卦時有特殊的節奏，使用了許多語言技巧（如重複、刻意的時間重疊等），聽來賞心悅耳。此外，研究八卦不要只留意說話的人，聽者的角色也很重要，因為八卦往往是講述者和參與者共同建構的。

人類學家與八卦

許多人類學家都認同田野中許多精采的資料，尤其是聽聞後靈光一閃忽然間打通任督六脈（就是了解到文化中難以察覺的潛規則，之後什麼都可以解釋了）那劃時代的一刻（breaking point），都不是發生在正經八百的訪談中（也就是有錄音機那種），而是閒聊、八卦，在彼此都沒有防備的情況下自然而然發生的。

這當然不是說只要會聊天就可以做好研究，但深度聊天是田野的重要技能！（哥哥姊姊要有練過）在聊天中忽然抓到某種連結（connecting the missing link），那一刻就像是《千面女郎》（ガラスの仮面，現譯為《玻璃假面》）裡，譚寶蓮（現譯為北島麻雅）詮釋的海倫凱勒，每日一點一滴的學習好像在氣球內灌水一般，累積到了臨界點，氣球忽然爆破，於是打通了「water」和「水」這種物質，能指與所指的連結。那一刻的戲劇性在漫畫裡被神話化，然而田野中人類學家的「恍然大悟」未必那麼誇張，重點是日復一日的涓滴苦工，才是達致（不只一次的）突破性理解的不二法門。

我不清楚AIT官員無論身處何國，都對八卦保持高度興趣以及記錄的習慣是基於哪些種理由：窺伺（和帶些姿態的冷眼評論之）、了解人際關係、分析八卦者之間權力競逐與策略，還是有興趣從中更深層地學習當地的文化？不過他們的紀錄與評論文字，倒是開了一條縫，有興趣的人可以從中試著反窺美國人或美國外交圈的文化價值觀與實踐模式。

講古

右手光明勵志，左手暗黑八卦的學界游移分子。

黑道人類學

初識H真實身分時，我想起電影《刺激驚爆點》（*The Usual Suspects*）中劇情逆轉、真相大白那一刻，一直在劇中當背景的小人物，變身為人人敬畏的老大哥，觀眾頓時驚覺：「啊！原來是他！」（然後迅速倒帶重看一遍。）

H是A村最具勢力的黑道大哥。而我與A村初次結緣，則是二十年前的事了。當時該村正結束了一段激烈的反污染抗爭，立場一向堅定的草根運動組織在兩、三個月之間掩旗息鼓，做為抗爭焦點的工業建設在維安單位護駕下順利過關。為何A村抗爭會從持續數年的轟轟烈烈急轉直下，最後草草收場呢？這個問題，從地方到中央、從社運界到學界一直有各種說法，其中最為信實但也最為隱晦的理由，便是地方黑道的態度轉折。

黑道生態學

究竟何謂黑道？依A村的「常民分類體系」來說，地方黑道大致分為三類：上焉者是H這種以開賭場為生的「正派黑道」，這一類的內部也有分級，像H據說是「最高尚」的，他的收入從賭場、電玩、彈子店等等而來，但絕對不在自己村內開設這些場所，也拒絕別的黑道進入A村營業。中焉者則包括所謂「做黃的」，就是經營色情行業，以及販毒者。而民間公認為最下等的黑道，則是靠恐嚇店家攤販、收保護費為生。各類黑道之間經常相互制衡，H不但抵擋外來賭場，也守護著該村的市場與夜市，讓第三類黑道無法進來收取保護費。

據說從A村村民開始集結抗爭，H就一直在幕後守護著這個草根運動。大哥自己不便出面更不能上台演說，但全力動用各種資源，除了出錢出物資，更重要的是以自己「面子」擋住外村黑道，不讓任何兄弟混混到抗爭現場收保護費，或藉機威脅勒索運動領袖。廿年前的台灣鄉間有一句俗諺：「黑道怕警察，警察怕民代，民代怕黑道」，三環互動的恐怖平衡維繫著地方事務與派系權力的日常運作。

抗爭運動的興起，除了擋住工程包商（通常與黑／警／民三環都關係密切）的財路之外，一群年輕人跳出來直接與大工廠對撞，更是繞過了地方上由民代、兄弟出面「喬事情」的慣性模式，不僅挑戰國家權力，更擾動了地方的政治生態，若沒有深厚的人情奧援，很容易淪為三環共同壓制的敵手。而A村在抗爭興起的前幾年，縱使在台北街頭動作激烈，回到鄉里卻是一派和諧，靠的並不只是爭取環境權的正當光環，外來社運團體的協助固然壯大了抗爭聲勢與話語權，但從地方觀點來看，民意代表與外圍兄弟礙於大哥情面，沒有動員恐嚇帶頭抗爭的年輕人們，也是讓抗爭動能持續的重要因素。

然而，這段鄉野傳奇在數年之後出現了無預警的轉折：一九八〇年代末期的掃黑行動，H被管區提報，以違反社會秩序為由送交管訓。少了大哥的保護，A村抗爭陣營在軍警特務與地方黑勢力的分化監控之下，逐漸消散瓦解。運動中堅分子有的走避他鄉，有的低調行事，跟隨領導人的周邊村民更是無所適從。眼見抗爭大勢已去，據說在大哥示意之下，以避免村民受到更多傷害為由，由大哥的小弟們「勸說」抗爭領袖們停止行動，靜待日後時運轉化伺機再起。兄弟們的「勸說」當然不會只是好言相勸，也包括諸種規訓，像某某人的店面被砸、車胎被刺、家人被跟蹤，都是村民當時盛傳的耳語主題。

黑道邏輯學

H的身分及角色，在A村人盡皆知，但就像「不可說」先生（He-who-must-not-be-named）在《哈利波特》裡的地位，村民從來不會／不敢向外人清楚指明H的姓名與所在，僅僅以「你知道誰」（You-know-who）模糊帶過。即使某家大報已經針對H傳奇做了專題報導，幾位最熟的在地朋友面對我的詢問時總是不置可否，於是H的真實面貌一直是我的一個田野謎團。

直到二十年後，A村原先年輕氣盛的兄弟們都已中年，也紛紛擔任村鄰長或社團主委等正式職務，我才首次有機會被正式引介與H認識，也才赫然發現，其實我老早就見過他了：那位常伴在C民代身邊，長的瘦弱白皙，看起來像是民代隨身助理的斯文男子，竟然就是H本尊！

樣貌與我刻板印象中的黑道大哥相去甚遠的H，二十年來逐漸漂白，目前擔任A村最具影響力的社團主委。雖然他擁有高價房車，並已在村外購屋落戶，但他習慣每天騎著腳踏車到村內舊家（一棟以鐵皮及三合板釘成的簡陋平房），與賓客見面喬事情，閒暇時間就跟他的眾多支持群眾一起看電視，同樂同歡。在黑道大哥的邏輯中，首要原則是「誠信」，其次是「照顧自己人」，再來就是「敵我／是非分明」。

針對二十年前的往事，H毫不隱瞞，一一解答了我的疑惑：是的，A村當年的抗爭的確是他去收尾的，原因正如前述，那場預知失敗結局的抗爭再拖下去，村民犧牲太大，不如先接受工廠提出的回饋條件，暫時休養生息等待他日再戰。事實上，歷經數個寒暑的抗爭，A村當時民氣已竭，許多人都想鳴鼓收兵，但只有H敢冒大不韙，出面終結這個閃耀著道德光環的抗爭運動。他以「我先入地獄」的慨然語氣說，「這件事只有我能做。而既然這麼做了，我就等於蓋了印下去，不看到此事有個完滿結束（意指污染源完全遷離），我眼睛不會閉上。」

於是二十年後，在Ａ村繼起的反Ｂ工廠抗爭中，Ｈ站到幕前，以他一貫的「大哥邏輯」，做著他認為最能照顧村民的舉動，包括在屢次工安事件中以大哥式的氣魄帶頭向工廠嗆聲、動用公基金照顧曾在廿年前街頭受傷的村民家屬，並且排除所有被他認定是站在工廠那邊的人員及力量。

○黑道分類學

曾有某某大學的學生到Ａ村做問卷調查，研究主題是地方經濟，但問卷中穿插了一些關於Ｂ工廠對當地經濟貢獻的題目，不幸惹怒了Ｈ。他說：「有店家跟我們抱怨，我們覺得不對勁，就跟著那個女生，當面跟她『溝通』。我直接跟她說：『妳也算是受過高等教育的知識分子，怎麼可以幫污染工廠做這種調查？』」為了避免有更多店家「被騙」，Ｈ透過村廟廣播系統向全村公告，建議村民若遇到某某大學的問卷調查員，不必對他們客氣，直接趕出門即可。

Ｈ敘述的輕描淡寫，同樣身為田野工作者的我卻聽的驚心動魄。我想像那位不到廿歲的大學女生，可能只是為了賺取一份工讀金，或許再加上老師「參與社會」之類的理念鼓勵，來到Ａ村進行可能是人生中首次的社會科學調查，但迎接她的並非台灣民間習有的善意相助，反而是一群父執輩年紀的中年男子的怒目相向，以及自村廟以降的全村聯合排擠，這將對年輕女生造成什麼樣的心理創傷呢？我實不忍想像。

在此同時，我也才察覺到自己與助理們這幾年來在A村的田野為何能進行的如此順利，為何田野中的「貴人」總是適時出現：儘管與H是最近才正式相識，但因為我對A村抗爭運動的長期關注，讓他把我歸類為「自己人」。這種自己人的身分帶來研究的便利，卻也可能造成我分析視野上的限制。

H的故事點出地方社會文獻較少觸及的面向：典型的台灣庄頭組成，除了研究者熟悉的親暱關係、宗教組織、同業團體、志願性社團之外，其實還有一個與體制力量若即若離、合縱連橫的伏流。

前嘉義縣文化局長鍾永豐先生在〈黑道社會學——有機知識分子的成長之路〉中，以自身從政歷程中與黑道大哥互動的實例，提醒讀者若只透過書本與理論去想像社會，將看不到每日在民間上演的「社會劇」，也無從理解構築這些劇本的生命紋理與價值判斷。事實上，「黑道」一詞只是一個抽象範型，民間以不同的在地用語稱呼幫派成員，如「兄弟」、「友仔」、「迌迌人」等等，這些親匿稱謂勾勒出與「黑道」不同的人群樣貌，顯示這些群體並非社會邊緣人或反社會的罪犯，「他們」與「我們」身處同一社會，只是歸化體制的程度不一。

H及其兄弟們，在地方自治體系與正式經濟活動無法顧及的灰色空間中，依其所深信的人情義理原則，以及在官方數據之外的地下經濟活動，深刻但隱晦地影響眾多地方事務的走向。如鍾永豐所言，渴望參與並貢獻社會的知識分子，必須先了解民間不同於學院的生命紋理與價值判斷，而與地方黑道的對話，是讓我們跨出學理建構的社會想像，掌握真實世界脈動的重要一步。

彭仁郁

中央研究院
民族學研究所
助研究員

因震攝於遭受不同人為暴力的倖存者面對生命的驚人動力，長年探索創傷主體的豐富地景。巴黎狄德羅大學心理病理學暨精神分析學博士學位，法國認證的臨床精神分析師，因發展「臨床田野」與人類學交會。酷愛歌唱。

「夜店咖」，性／情慾解放為了抵達真愛？

夜店，在中產階級道德稜鏡折射出的幻想中，瀰漫著性、毒品、淫亂、放蕩的氤氳，但是對於二十一世紀生活在台灣都會的年輕人而言，除了網路虛擬世界，夜店可能是時下最夯的實境社交場所。在這裡，妝點得絢爛繽紛的男男女女肆無忌憚的揮霍旺盛精力，逃離平庸到令人窒息的日常規律，探索黑夜的狂放魅影，練習社交技巧，品嚐一點微醺，打破一些禁忌。

然而，如果因此認為夜店世界不存在任何行為規範和道德判準，那將會是最大的誤解。比方「夜店咖」這個指稱便標示著某個曖昧浮動的道德邊界。隨著使用脈絡，這個詞彙可能帶有玩笑、輕蔑或指控的意味；它經常標籤著那些在不同夜店之間流連，尋找短暫關係的人們。這個指稱對年輕女性尤其具有殺傷力——一旦被封上此稱號，親友的責難不說，就連經常結伴同遊夜店的交友圈內，也少不了流言蜚語。

讓我好奇的是，被貼上「夜店咖」標籤的女孩們自己怎麼看待這個指稱？又，是什麼樣的動力，促使女孩甘冒被標籤的風險，一次次投入不同男人的懷抱？她們究竟在追尋什麼？且讓我們嘗試揭開「夜店咖」標籤遮掩的欲望身世，看看夜店這個當代都會消費空間，可能扮演了什麼樣的情感功能？而「夜店咖」們是否如某些學派女性主義學者頌揚的那般，實踐了性與情慾的解放？

在提出可能的答案之前，請跟著我的主要報導人Vivi，進入夜店的田野。

○「夜店咖」田野現場

雷射旋轉炫光燈束掃過全場高密度挨著的扭動身軀，快節奏電音高分貝衝擊著耳膜，舞台上豐胸細腰的長腿正妹們的養眼裝扮和勁辣舞姿，盡職地營造熱力奔放的氛圍。

今天是淑女之夜，Vivi固定到夜店報到的日子。為了方便拒絕無趣的搭訕，也為了衝抬身價，Vivi依循「美女不落單」原則，和之前在另一家夜店結識的姊妹淘可頌相約同行。就讀於某私立大學的Vivi自認臉蛋艷麗吸睛，美中不足的是身材渾圓，不是大部分台灣男生偏愛的型，在夜店來搭訕的幾乎都是外國人。她下了個結論：「台灣男生被媒體標準影響，不懂得欣賞我的好！」她有時嫉妒相貌相對平淡但體型纖瘦的可頌，只需假睫毛、放大片、深邃乳溝胸罩等正妹基本配備，再勤練一下化妝技術，就可以遊走於各國男士之間，無往不利。

Vivi、可頌和剛認識的三男一女窩在一個離舞台較遠包廂的沙發裡，襯著震耳欲聾的電音背景，拉高嗓門喝酒閒扯。包廂是三名男士中外型條件較優、也較熟悉夜店社交規矩的K訂的，原本是為了替即將服兵役的友人A餞行，但被約好的兩個女伴放了鴿子。K擔心兄弟們玩得不盡興，便讓女友留守，領著兩個初體驗宅男A與P到舞池獵艷，不消半晌，順利帶回Vivi和可頌。兩女孩皆屬意看起來像ABC的K，對A與

P興趣缺缺。K的女友看在眼裡也不以為意，只是時不時夾緊雙臂，讓暴露在低胸緊身小可愛外的乳溝更明顯些，顯然對自身優勢老神在在。經過一輪姓名、綽號、職業、興趣、嗜好、星座等基本資料的禮貌性交換，A和P再也擠不出任何有趣的話題；兩位女孩吞下兩杯無限暢飲調酒，得知K已經名草有主，顯得意興闌珊，眼神雷達般頻頻向外遛達。

其實剛進包廂不久，Vivi就看見隔壁有個高加索男人不時轉頭盯著她看。這男的是她喜歡的運動員型，高挑帥氣又有點酷，趁著去洗手間，Vivi讓自己和男人有機會相互檢視。不意外地，補完妝出來，男人走向她，邀她共舞。DJ剛好播放Vivi最喜歡的舞曲，她盡情扭動身體，兩人肢體不經意的輕觸，Vivi感受到自己的艷光四射在男人身上發揮了作用。舞到忘情，男人漾著古龍水的上半身朝她逼近，她沒有抗拒地讓他吻了她。雖然類似的場景已經發生過無數次，Vivi仍沉浸在女王般的勝利感當中。

回到包廂，可頌已不見人影，K說她剛跟一名來自中非的留學生離開。Vivi正暗自咒罵姊妹太隨便又不顧朋友，此時山寨LV包頻頻震動，滑開手機，可頌傳來跪求圖：「親愛的，不好意思啦，遇上前任，再找妳囉！」

凌晨兩點多，Vivi跟高加索男人彼此加了臉書好友，男人暗示晚上不想獨眠，Vivi佯裝沒聽懂，表示會再聯絡。被拒絕的男人詫異之餘惱羞成怒，使出激將法：「妳有種族歧視嗎?」

Vivi:「當然不是!」

男人:「妳不知道在床上學英文最快嗎?」

Vivi不由發火:「你把我想成什麼樣的女生?你不要以為台灣女生都這麼好上!」

Vivi陸陸續續與多到連面孔都記不清的網友發生性關係。直到一回,某個被Vivi視為真命天子的男人在幾次性關係之後狠狠甩了她,她痛下決心,發誓絕對不再發生一夜情。現在的Vivi聲稱,已經學會不讓自己在感情上或身體上陷入險境。她以極認真的口吻強調:「或許我以前曾經很亂,但是我現在真的不是『夜店咖』了!」

我禁不住問了個蠢問題:「那你覺得什麼樣的人是夜店咖?」

Vivi:「就像可頌那種啊,一個晚上可以跟不同男人喇嘰,不管黑的、白的,只要是外國人都可以,還會故意喝到爛醉讓人來撿屍!」

Vivi的憤慨吐露著強烈的道德譴責,但聽起來卻像在指責從前的自己。她旋即哽咽起來:「我最難過的是為什麼這些男人都看不出來我跟她是不一樣的女生?!我一直期待會遇到不一樣的人,但是每次結果都一樣,所有的男人都只想跟我上床!我已經傷痕累累,真的想放棄了……」

我不解地問她:「放棄什麼?」

「愛情啊！」Vivi說。

○當代求偶儀式

當然，Vivi藉著引誘遊戲檢證真愛可能的冒險旅程，並不能代表所有夜店消費族群的經驗，但她的回應毋寧是發人深省的。她的身體實踐著電視影集「慾望城市」中性展演尺度的鬆綁，但是心裡追尋的卻是女性主義不遺餘力批判的王子公主愛情故事的幻影。只不過，在白天的世界裡，擁有美豔外表但內心極度缺乏自信的Vivi，覺得自己完全沒有優勢，不夠「好」到足以吸引「正常」男人，於是，持續在幻起幻滅的夜店愛情輪迴裡飄蕩，成為一個較容易的選擇。只是夢想與實踐之間的矛盾，使她注定要步上薛西弗斯的後塵。

Vivi描繪的夜店情慾模式，事實上彰顯著當代求偶儀式的特性。傳統的求偶儀式嵌在家庭、氏族網絡的異性戀婚姻框架裡；在婚姻框架之外者，總得偷偷摸摸，避免曝光。當自由戀愛成為婚配構成的主流，當代大部分男女必須學習在各個看似與求偶無直接關連的社交場域，摸索出一套個人化的求偶儀式。

夜店源自歐美，最早設置的目的是為性別、階級、族裔弱勢的族群提供一個夜晚聚集、釋放壓力的社交空間，然而在它脫離了原本的地下色彩、與主流消費文化接合之後，其性質則更類似歐洲中古世紀以來的「貴族舞會」（*le Bal*，法文）。加隆（Olivier Galland）和龍貝（Yves Lambert）在《農村青年》（*Les jeunes ruraux*）一書中指出，這種自初始即具有娛樂兼婚配功能的社交盛會，後來逐漸向平民階級開放，演變為後來一年一度的村莊節慶舞會。夜店與這些歷史悠久的社交舞會扮演同樣的社會功能，只是差別有二，一是發生頻率，另一是性關係不必然伴隨著持續的伴侶關係。然而在塑造自我形象以爭取異性目光這一點上，二者有著異曲同工之妙。

在夜店上演的求偶模式中，性不再是禁忌，但傳統的擇偶條件如外貌、家世，經濟能力（有錢有車有房子）、學歷（尤屬英文能力）等，卻仍然主導著欲望的去向。夜店展現的當代求偶儀式，尤其反映在時間感，追求、約會、熱戀／性愛、分手，這幾個階段被壓縮、倒置或重複，而原本封鎖在私密空間的情欲展演如今被允許釋放到公共空間裡，某種程度甚至成為新的示愛規則。婚姻不再是檯面上的最終目的，但卻不妨礙暗藏其下、不敢說出的對於長久伴侶關係的渴求。

在這快速飄渺的夜店情慾世界，Vivi們的求偶策略只能是矛盾的，她們一方面試著造就一個讓男人拜倒的性感女神，一方面又希望男人能突破外表，看到她們的與眾不同，而心甘情願長久留在她們身邊。她們輪番品嚐著短暫的甜蜜和可預知的失敗苦澀，在痛徹心扉的醒悟之後，又難以自拔地再次朝向愛的蜃樓奔去。

是Vivi們太傻嗎？就精神分析的觀點看來，每個人都在欲望的推促下追尋他人對自我的「認納」(recognition，或譯「肯認」)。何以Vivi們的命運特別乖舛？且讓我們用法國精神分析師拉岡（Jacques Lacan）欲望主體理論的「L圖示」(Schéma L）來嘗試解讀。

●「我」是什麼？「欲望」是什麼？

在這個圖示當中，有四個端點（S、a、a'、A）和四組關係（a'－a、A－S、A－a、S－a'）。左上角的S是潛意識「主體」(Sujet)，這是欲望開始發聲的所在位置。欲望的生成始於孩童被迫與母體分離（此處「母體」指的是

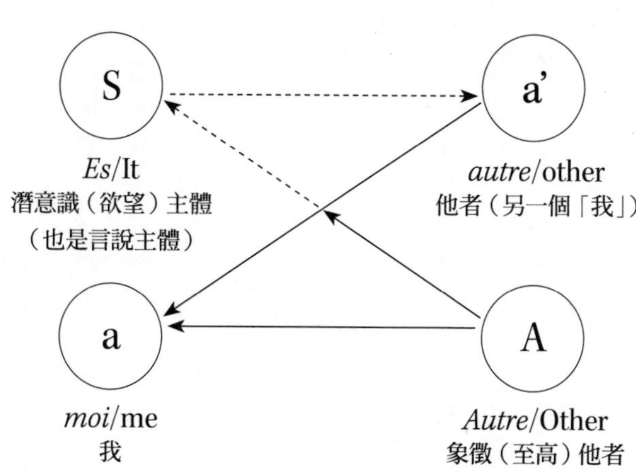

孩童依據被照顧的經驗，在想像中形成的一個可以完全承載、保護自己的依賴對象），此時孩童意識到自身的孤獨和無能為力的痛苦，為了安撫分離造成的空缺和痛苦，開始以習得的意義聲響嘗試表意，進入社會文化群體中與他人共享的象徵秩序，欲望主體於焉誕生。由此可知，欲望主體在生成之初即鑲嵌在與他者的關係裡，也因此，主體如何在與他者想像或真實的關係中安頓自身，成為之後重要的課題。問題是，以上這段象徵關係是發生在「A－S」軸向，卻經常被「a'－a」軸的想像關係所遮蔽。

拉岡主體理論中有兩個不同層次的他者，一個是與主體以象徵關係相連的他者（*Autre*／Other，右下角的A），另一個是與自我（ego，左下角的a）以想像關係相連的他者（*autre*／other，右上角的a'）。自我（a）與他者（a'）之間為鏡像關係，在彼此的眼光中指認自己的樣貌。a是他人眼中反射出的「我」，是被他人評語固定下來的「我」，可以說看起來像是「我」，卻又不是真正的我（S）。在生命之初，沒有固定樣貌的主體S，必須先透過他者的觀看獲得自我同一性（identity），好回答「我是誰」的問題。看見自身（a）宛若他人（a'）的樣貌，也使我跟他人一樣具有發話的資格，並長出看待自己的眼睛。這是為什麼從他者眼中看見自己的形象，是樹立主體的必要經驗。然而，一旦這個形象反過來囿限主體，並壓制主體發話欲望或取消其發聲權力時，主體反而將對自己是誰感到惶惑，只能拚命追逐他人眼中的幻影。

Vivi對外型的重視，是希望透過他人眼中的「我」（a）來維繫我（S）。然而這恰好為可能的悲劇鋪路。他者眼光如流水，可以載舟，亦可覆舟。無視主體欲望、以貌取人的形象標籤，很容易就牢牢地罩住「我」，僵固「我」的樣貌，讓「我」難以翻身。因此，不管是「女神」、「型男」或「夜店咖」，都是「a'－a」想像軸度上他者對「我」的指認，往往遮蔽了主體（S）自身的欲望真相。

那麼主體（S）自身的欲望究竟朝向何處呢？這就涉及另一個他者——擁有象徵秩序權柄的至高他者（A）。從A指向S的箭頭表示A和S的關係屬於象徵軸度。至高他者超越個人層次、無具體面貌，代表了社會文化生活中包括語言、規範、道德感在內的象徵秩序。至高他者如同無法具象化的神，在成長過程中隱約引導著主體的抉擇。某些被理想化的長輩或偶像，可能被主體挑選為至高他者的在世化身。童年時期，父母最容易被等同於至高他者，從正面或反面主導著主體欲望的追尋。但父母終究也不過是眾小他者之一，他們眼中映射出的影像（期待），總不免籠罩著孩子自我形塑的過程。精神分析所謂的伊底帕斯情結的化解，其實指的是讓父母（或日後取代父母地位的偶像）降為凡人，好與至高他者做出區隔，理解到無論世俗權位高低，人人皆需共同服膺更高層次的象徵秩序（如人人生而平等、社會正義、自由與愛等根本價值信念），才可能維繫人與人之間的倫理生活。

主體欲望總是涉及「愛是什麼？」「生命的意義是什麼？」等根本提問。被主體預設為擁有關於生命最終答案的A，有能力給予主體真正的認納。但是從圖示中可看到，A對於欲望主體的作用，時常被「a'－a」的想像軸度阻斷。這也恰好是Vivi們面臨的最大考驗。當自我耽溺於從a'反射回來的自我鏡像，而迷戀於裝扮遊戲不可自拔時，便在A和S之間形成了一道無法穿透的牆，阻擋了主體欲望在象徵向度獲得回應的機會。

在情海浮沉的Vivi們之所以絕望，是因為誤以為在想像軸度上可能獲得象徵（意義）軸度提問的答案。（因此她們總認為：「我給男人他們要的『性』，他們就會愛我。」）大眾傳媒消費主義販賣的標準化愛情腳本，讓她們更加堅信只要全力複製某種固定版本的a（女神），就能夠藉由滿足a'，來達成滿足欲望的完美境界。只不過Vivi們大概忽略了，當性關係完成的那一刻，經常也就是女神形象（a）破滅的時刻。仍然戴著父權眼鏡的a'，將再次用譴責的目光，把Vivi們重新打入被貶抑的道德地獄。（她們不斷經驗著父權的指控：「我跟他第一次見面就上床，結果他就一直懷疑我跟別的男人也這樣。」）

或許不久的未來，Vivi們會發現，她們正在實踐的「性解放」可能不是出自S的欲望，而是複製好萊塢情慾模式的自我想像。（這或許說明了這個自白的來由：「上床也沒什麼，反正我對性已經沒有感覺。」）

那時，或許Vivi們會恍然大悟，在「性」已逐漸成為強迫式命令的後現代社會（如後拉岡精神分析理論家齊澤克〔Slavoj Žižek〕的觀察），專注地愛一個人，竟可能弔詭地變成最具顛覆性的自我解放實踐。當然，前提是這樣的愛欲實踐，不再指望從他者眼中框定的自我形象，來掂量自己是否有資格進入情愛市場——因為不論是傳統性別教條鼓動的「貞節烈女」「雄赳赳氣昂昂的男子漢」，資本主義販售的「型男正妹」，甚至是遵從性解放命令的潮男潮女，都不過是「a'－a」軸度映照出的幻影。在當代情慾浪濤中尋愛的Vivi們，能否聽見象徵軸度上愛與自由之間辯證的呢喃，正回應著她們內心最深沉的呼求？且拭目以待。

方怡潔

清華大學
人類學研究所
助理教授

金融風暴與鬧鬼的工廠

轉念人類學前曾拿鋤頭種蘿蔔、熬夜趕模型畫設計圖。在滇緬邊界的僑鄉做田野時愛上了辣椒，後轉到昆山與深圳工廠，跟青年農民工一起思索未來與人生方向。研究興趣為工業化與社會不平等、及後社會主義國家社會變遷。

二〇〇八年金融風暴爆發時，我正在田野中，田野地點在深圳經濟特區關外的工廠裡，離深圳市區大約一個小時車程。在那裡，訊息的取得除了透過辦公室的電腦連線上網，另外就是靠食堂裡的那台電視，通常是在吃飯的時候，邊吃邊看。當「金融風暴」這詞已經傳遍世界，工廠裡大部分的人還不太知道發生了什麼事。

惶惶不安的工廠日常

但是，即使不知道到底發生什麼事，金融風暴的效應已經悄悄地改變了工廠員工的日常生活。訂單一下子變少，很多時候工廠找不到事情給產線上的員工做；但前景狀況不明，工廠也不打算遣散員工，怕若狀態好轉，一下子找不到足夠的工人。沒活可做的員工，只能呆坐在產線旁，不然就是在眾多閒置的時間裡，被要求對整個工廠進行大掃除、或是盤點存貨、或是上培訓課程。總之，就是做一些平常並沒有時間做的事。

此時，工廠突然進行人事大改組。起先其中一個部門的主管請辭，廠方便從其他工廠挖角，高薪聘請了三位新主管來，這些主管又分別帶了一些原本工廠的員工進廠。於是，工廠裡突然一下子來了一群陌生人，這群陌生人卻與廠方決策層過從甚密，總是在隔絕的房間裡開會到半夜，像是要被委以重任，對外卻又不透半點口風。廠方也頻繁召集中階以上幹部開會，管理高層對大家信心喊話，告訴大家：工廠即將轉型，「你們準備好了嗎？」只是要準備什麼，怎麼樣叫準備好了，參與會議的幹部似乎也都摸不著頭緒。

員工呆坐在產線上時就互相聊天；組長睜一眼閉一眼，自己也找其他管理階層聊天。大家捉對成群的，湊在一起討論工廠的現況、分析現下的局勢，並試圖對未來做個看似精準的預測。最常討論的話題不外是老闆的決策，與工廠未來的動向。他們不清楚什麼金融風暴，分不清楚沒有單子是因為世界金融體系崩毀、老闆決策錯誤、工廠資金缺乏、內部人事鬥爭，還是因為工廠要進行策略性轉型；但大家都知道現在沒有加班費可以賺，薪水變少了很多，未來也不知道會不會好轉。廠方的信心喊話，相信的人似乎不多。

沒多久，開始有員工結夥辭工，最初三、五個，接著越來越多，後來甚至一天有十幾個。工廠的因應方式是開始到處招人，除了普工，也對管理階層進行大幅調度。這時候工廠的員工結構非常不穩定，每天都有舊人走，有新人來，大家在一個小廠區裡二十四小時共同生活，看似密切，但彼此間卻有著嚴明的界線，空氣裡開始瀰漫不信任的氣氛。大家會趁吃飯時在食堂與幾個信任的親友討論後路，該何時走、走了又可以去哪裡、工廠到底撐不撐的下去等等。大家試圖以自己的方法去搞清楚自己現在面對的狀況，衡量自己的條件，並採取行動。就連我，也暗暗想著不知道我的田野可以做到什麼時候。

就在此時，工廠鬧鬼了！

鬧鬼的消息是從女生宿舍傳出來的。一天早上，幾個年紀不到二十歲的普工哭著說，昨晚起床上廁所時看到鬼了，而且不只一個人看到，好幾個都看到了。隔天，又傳出同一個寢室的女工在半夜哭成一團，因為大家都聽到夜半的敲門聲，一聲又一聲，但沒有人敢起床開門查看，所以就一群人在床上哭。此事爆發之後，食堂裡的話題也變成：你昨晚看到鬼了嗎？會先有個人起頭：「好像有耶，有聽到什麼什麼聲音。」接著大家就七嘴八舌地加上越來越多關於「鬼」的細節。此時，有一個新來的女工宣稱自己以前曾在這個廠房工作過，那時候有女工在宿舍自殺，就是現在鬧鬼的女生宿舍。這個消息一下子傳遍廠區，大家更加相信工廠真的鬧鬼，那位當年自殺女工的鬼魂，正在作祟。

鬧鬼事件爆發之後，本來沒打算辭職的人也都堅定了辭職的決心，一下子一天可以有二、三十個人一起辭職。產線上坐不滿員工，廠房裡空盪盪的，一片人心惶惶。有個十六歲的女工來跟我告別，說家裡的人聽到工廠鬧鬼的消息，要她趕快離開，到姊姊那裡去。她跟產線的其他女工們感情很好，但再怎麼依依不捨，也只能辭工離開。

廠方本來對鬧鬼一事嗤之以鼻，但眼看事態擴大，也只好出面處理。一開始先找兩個部長住到鬧鬼的宿舍裡，跟女工們一起過夜。接著就調查鬧鬼一說的源頭，並嚴格禁止繼續散播謠言。鬼月到了，廠方花半天時間，慎重地舉行全廠大祭拜，在廠區的空地上，擺張大桌子放滿香燭貢品，召集了所有的員工，不分級別，不分性別，都放下手上的工作來參加祭祀，並燒燒紙錢。

隨著時間的推移，工廠的轉型之路逐漸清晰，開始有一些訂單進來；鬧鬼的事件也漸漸平息。

恐懼的投射

這整個事件讓人聯想到孔復禮的「叫魂」研究。乾隆年間，地方謠傳著一種稱為「叫魂」的妖術，術士可透過剪下的髮辮或貼身之物，做法而奪其魂。謠言廣泛散布，人心惶惶，朝廷不得不開始處理，在乾隆介入調查的過程中又牽扯上大清帝國的「薙髮令」，而一度被歸因於滿漢族群衝突、背後有反抗陰謀。進一步分析，可發現叫魂其實是種集體妄想，當人們面對未知，心生恐懼，往往會投射為不可知的世界在作祟。繆格勒（Erik Mueggler）談到中國西南少數民族如何對應國家暴力也有類似的看法。他們將大躍進、文革及其後的苦日子稱為「野鬼年代」(the age of wild ghosts)。當時，國家暴力及其地方代理人強推政策，造成當地人心理創傷，於是民間流傳：死於饑荒而沒有適當埋葬的人會成為野鬼，並出來復仇。野鬼故事其實是人們對傷痕的記憶，與恐懼的投射。

循此脈絡，我們回來看工廠鬧鬼一事。「鬼」似乎成為一般民眾最常拿來具體表達他們在面對巨大的、難以明言的、難以掌握的結構暴力時，一種很民間、很草根的方式。農民工對金融危機普遍摸不著頭腦也搞不清楚狀況，其無聲無息降臨在工廠裡面，正如鬧鬼一樣。當工廠裡能離開的工人紛紛離開，被留下的工人更加感受到自己的無力與無所適從，今天的好友，明天可能就不在了，好不容易建立起的社會關係受到破壞，那種無法掌握的恐懼，就好像看到鬼一樣。

在當時的情境下，「理性」的分析與討論，似乎只會加深了工人們彼此間的孤單感與隔離感，但面對鬧鬼的「非理性」反應，卻意外地帶來集體感，並重建了廠內的團結。因為每個工人的條件不同、背景不同，在「理性」地分析工廠的狀態、衡量自己的條件，判斷可能可以採取的行動時，除了可以一起辭職，其餘的就是要各憑本事、各奔天涯，大家將展開不一樣的未來——有的模糊、有的清楚，但總之是再也無法一起分享彼此的未來了。況且，每個人恐懼不安的程度也不同。在理性地做這些決定前，凸顯了農民工彼此間原本隱藏、不被看見的差異——有男友／女友的可能加快結婚的決定，人際網絡好的去投靠親戚朋友，家境好些的可能回家休息一陣子，家境貧苦的可能根本不敢隨便辭職，終日惶惶不安，深怕未來工作還沒有著落，工廠就倒閉了。

面對鬼，大家的恐懼是相對一致的。面對未來的恐懼，與承擔風險時彼此社會條件的種種差異，在談論鬼、議論鬼、害怕鬼的過程中，不再那麼尖銳凸顯，大家反而產生了共同抵抗「鬼」的一體感。整個鬧鬼的過程就像一場儀式，把個人的恐懼轉換成集體的恐懼，大家在一次次以「你昨天看到鬼了嗎？」為開頭的談論、訴說、共同哭泣、共同恐懼的過程中，讓個體的恐懼得以社會化、整體化。同時，農民工們得以將金融風暴後無工可做、人員快速流動、未來動向不明所帶來的恐懼、焦慮與不安，找到一種語言來描述、抒發，並得到來自彼此的支持，再度感受到自己是整體裡的一部分。之後由廠方主辦的鬼月集體祭祀，更把管理階層納入同樣的恐懼轉換機制中。

做為一個人類學家，身處其中，我一隻眼靜觀著整體社會政治經濟結構的變遷（如金融風暴），另一隻眼帶著同理心，伴隨我切身的經驗與田野裡的工人一起用他們的方式來理解這個世界變局。在與他們同吃同住、朝夕相處的過程中，我感知到了他們不能言明的情緒與恐懼、我看到他們的掙扎與策略。金融海嘯席捲工廠之際，工人們用他們僅有的資訊與知識去理解眼前的變局，用他們所能掌握的少少的選擇與方法去調適（例如跳槽），這些或許都還可以用經濟理性的角度來解釋；唯有鬧鬼之事，完全不能以理性理解，乍看似乎與金融海嘯也毫不相關。可是，人類學家並不會將鬧鬼事件與金融海嘯切割，用「迷信」輕輕帶過，或是覺得應該另外處理。相反的，人類學家相信，鬧鬼與金融海嘯，既然發生在同一個時空脈絡，應該是同一個更全面（holistic）整體的反射。因此，這樣的學科訓練視角，帶著我看到這樣的鬧鬼事件：看似不理性的鬧鬼，其實是一種映照、疏通員工在面對金融危機時，種種情緒衝突、疏離與困惑的草根機制。看見不相干的事件背後深層的關連性，正是人類學家孜孜矻矻想要發掘的。也唯有理解了文化裡深埋的邏輯，我們才不會無法解釋為何迷信一直與科學共存，挖的越深，越可以「rationalize irrational」。

當人類學家「進入」大專山地服務團

邱韻芳

暨南大學東南亞學系
人類學碩士班副教授

放棄台大數學系碩士班學業後，人生充滿驚喜與挑戰：與原住民部落美麗相遇後，自此深深被吸引。台大人類學系第一位博士，後任教於暨大人類所（現併入東南亞學系），也是原鄉發展原住民族專班主任，和親愛的學生一起攜手擴展原勢力。

大專山地服務團在台灣有相當悠久的歷史，「服務」之名與操作的方式曾引發不少爭議，一些社團因而轉型，比如轉到非原住民的偏鄉服務，但仍有不少大專山服團持續到原住民國小「出隊」。有些人批評山服這類短期外來志工活動對部落沒有實質幫助，只是擾民。但我一直好奇，如果批評為真，為何有些部落願意長期與特定山服社團合作？參加山服的學生又如何思考自己的角色以及與部落的關係？二〇〇九年夏天我在一個部落國小裡初遇兩個大專山服團，因緣際會開始了山服的研究。透過訪談、參與迎新、幹訓，以及跟隨到部落「出隊」，試圖在這特別的「跨文化」接觸場域中，思考人類學可能扮演的媒介角色。

雖然大專山服團有一些共同的背景與結構形式，但每個山服團亦有其自身的歷史與特殊「文化」，無法一概而論。我研究的其中一個大專山服團是國立台灣師範大學的山地服務團，其服務區域為南投仁愛鄉發祥和力行兩村。這兩個村子聯外的力行產業道路自二〇〇四年「七二水災」後路況一直很差，但師大山服團自一九八〇年起即持續不斷地在此出隊超過三十年之久，期間也曾考慮改名，去掉爭議的「服務」一詞，但在當地泰雅朋友力挺下，決定保留這個對社團和部落都深具情感和歷史意義的隊名。

初進山服的小骨頭

二〇一一年二月二十日，我參加了師大山服在埔里國中的始業式，搭上平常載著一簍簍高麗菜，如今卻塞滿二十四個人、行李與十天食材的大卡車，一路顛簸到發祥的基督長老教會。

在發祥的頭兩天，日子意外地有些難熬。我不是隊員，無法真正地參與活動，認識的幹部都忙得團團轉，陌生的團員又三不五時被部落小孩子黏住無暇搭理我，好些時候只能在教會外的廣場晃蕩，不知該把自己擺在什麼位置。

另一個窘境是，晚上開會時每一組圍坐一個圓桌，我則被安排坐在靠牆的板凳上，感覺像是被罰坐在一旁的問題學生。手裡拿著筆記本，聽著各種非常冗長的會議，我心想：只是坐在邊邊聽一堆細瑣無趣的流程檢討，這趟上山真的有意義嗎？

師大山服是一個規矩、傳統很多，且執行很徹底的老社團，規範當中有一條是不能接受村民任何招待，包括茶水。第一晚，家訪後心得分享時，小骨頭相當積極地詢問老骨頭訪談的竅門。我安靜地聽著，突然有人問：「不知道邱老師對家訪有什麼看法？」我脫口而出：「有一點我比較不能理解……」，接著描述這天家訪結束，正要離開時，家訪家庭的婆婆指著桌上的糖說，抱歉忘了請同學吃。見同學們搖頭婉拒，她就抓了些糖放進塑膠袋：「不然帶一些回去！」大家繼續搖頭拒絕，甚至急忙轉身離開。「這樣不是很奇怪且不自然嗎？」我問。

全場安靜幾秒後，隊長TJ出聲了：「邱老師提到的這個規定，其實前幾屆我們也都討論過，之後可以再研究。不過現在正在營期當中，還是先遵照原本的規定。」我沒再說話，心想自己是否太唐突了。可是對我這個在部落裡常靠吃喝建立友誼的人而言，拒絕族人心意是很痛苦的事，而且牟斯（Marcel Mauss）在著名的《禮物》中不早就說過：「拒絕送禮或拒絕邀請，就像拒絕接受一樣，那無異於宣戰，是一種斷絕友誼和交往的表示。」

然而，我畢竟是外人，且第一次來發祥，不如他們對當地了解，行事是該謹慎些。我決定和大家熟悉之前不再輕易發言，因此得先想辦法改變無法融入團體的困窘。隔天一個休息的空檔，我趁亂問TJ，晚上檢討會議時可不可以坐到她身旁，就這樣混進了第一組，自此與同桌團員多了些互動。

再經過兩天的觀察，熟悉了他們的運作模式，知道如何可以有點自己的行事空間，但又不會造成團隊的困擾；他們對我也比較熟悉、放心，開始有人主動找我攀談。

逐漸適應環境後，我慢慢理解一些之前覺得奇怪的社團規範與傳統，因為「群體」和「個人」是很不同的身分，在與部落互動時的考量自然不同。從每晚檢討會中的討論，我發現他們很在乎身為一個長期在此服務的團隊可能對部落帶來的影響，故非常重視族人的感受與對師大山服的看法，許多對團員行為之約束因此形成。再者，就像每個文化都會有一些當代無法理解的「傳統」，意義雖未必可考但有其歷史根源，並常被賦予某種神聖性，山服也是如此。

因為交通不便，這個區域資源的流通有其困難之處。師大山服三十多年來在這樣一個物質條件比較貧乏的環境出隊，發展出相當克難、自制和強調公平的「師大山服文化」。例如，團員不能天天洗澡，洗時也必須嚴格執行洗頭三分鐘、洗澡五分鐘的規定。TJ後來向我解釋，他們不希望浪費部落資源，也擔心用水太多，住在樓上的牧師家會沒水用；不能接受村民招待，則是怕有些家庭會因拿不出東西招待山服而不好意思或自卑。

從觀察到參與

不過，若因以上的描述將師大山服視為一個紀律嚴謹到沒有彈性可言的團隊，那就大錯特錯。我發現，他們很清楚部落族人的行事風格，知道無法用嚴格的時間表或縝密的事前規畫搞定，因此雖會在事前做好全盤計畫，並對團員確實執行各項要求，但所有計畫都會因應部落生活的彈性而隨時做應變，也因此每晚必須花很多時間開檢討會，來說明、處理當天發生的變數。

此外，大部分老骨頭在部落裡都有和自己比較要好的小朋友或青少年，他們很在乎這些人，但因不能脫隊行動，常無法對他們的需求面面俱到。在發祥最後一晚和部落青少年「星夜談心」時，一些因素造成部分青少年覺得被忽略而發出抱怨，讓負責幹部相當自責，以致於之後開檢討會議時一些團員除了自身情緒無法平復，更掛念著固執在外等待，想要和他們談心、敘舊的青少年們。無奈的是，該開的會還是必須開，而且開完後團員們必須一起就寢，不能私自行動。我對TJ說，我覺得你們社團一直在感情和紀律之中掙扎。

我們在第五天早上離開發祥，坐上卡車前往力行。這時的我已經適應了大隊生活，加上之前來過力行幾次，有自己的人脈，於是我的角色漸漸從「觀察」往「參與」挪移。

這回出隊有個特殊任務——「彩繪專案」，學校主任希望山服帶領小朋友彩繪學校的一面牆。此案由團裡唯一的美術系學生Kiki負責，上山前已舉辦過「彩繪例會」，教導團員一些基本技巧，也事先擬好圖樣，打算抵達後先打底稿，再由團員帶著小朋友分組上色。可是計畫趕不上變化，底漆乾的太慢來不及打草圖，又考量到小朋友好動不易控制，可能無法乖乖依要求上色，於是計畫臨時大轉彎。Kiki決定捨棄原先的草圖，讓小朋友先在紙上畫下他們想畫的，然後依圖直接在牆上自由作畫。

這是一個很大膽不知結果會如何的決定，也擔心有人亂玩油漆灑得到處都是。但是，沒想到小朋友都非常專心地作畫，大膽創意，色彩繽紛，讓大家相當驚豔，反倒是一名山服團員，下半身不小心被油漆給「彩繪」了。小朋友當天畫完後，隔天Kiki再帶著團員做整體修飾的工作，共同完成了一面讓學校老師、學校旁邊派出所警察都很稱讚的彩繪牆。

在力行另一個更難忘的經驗是農訪。從在發祥的第一天起，團員都會在家訪時詢問田裡是否需要幫忙工作的人力，但冬天大部分的田都休耕，加上天氣不穩定，一直沒有成行。終於，在力行的第三天有了農訪的機會。

這次任務是種豆苗。工作本身不困難，小鋤頭挖個小洞，放下五到七顆豆子，然後再以土把洞蓋住即可。困難的是有的地方非常陡，我們必須儘可能地跨大步伐，用腳撐住，才能不讓自己滑下來。田地主人是一九七四年次的輝明，還有他的伙伴正傑。怕我們工作太辛苦、無聊，他倆不時和我們聊天，還唱起歌來。歌聲、灑在田裡的陽光，伴著陡坡，以及週而復始地彎腰、挖洞，放豆子，我們一直忙到下午三點才依依不捨回到部落。

二十九日是下山的日子，載我們下山的是輝明，身旁還是他的伙伴正傑。他們邀我坐到前座，一路上開開心心地繼續前晚「星夜談心」未盡的聊天、唱歌。故事到此並未結束，回台北後我把山服的許多夥伴加為臉書好友，和他們在臉書上持續互動。有幾位團員在過完年後又要上山幫國中生課輔，我也曾陸續幫部落朋友的小孩補數學。經由師大山服居中聯繫，我的迷你力行國三生數學衝刺班開學後正式啟動。

從山服研究反思傳統人類學

為何研究山服？這是我接觸這主題以來常被問到的問題。在台灣做原住民研究是件孤獨的事，部落有著不同生活的滋味，沒有親身體驗過的人難以理解，因此你很難和沒去過部落的人聊部落，聊自己的研究。儘管部落明明就在台灣島上，而非遙遠的異國。難得碰到一群人可以和你一起興奮地聊部落、做與部落相關的事，是讓我想要研究山服的首要驅力。

人類學最重要的特色就是研究異文化，亦即透過「參與觀察」（participant observation），從田野地日常生活的細節中，理出所謂的「土著觀點」（the native's point of view）。對於像我這樣專長為原住民研究的人類學家來說，比起部落，山服其實是更名符其實的「異文化」，因此一開始在部落遇到這些大學生時，腦海立刻浮現以往聽聞過種種對山服的質疑，不過我還是選擇進入他們的脈絡，去重新理解，而非輕易地用大帽子的意識型態加以批判。

透過身體和師大山服一起感受搭乘菜車顛簸上山的節奏、參與他們與部落族人互動的種種細節，以及聆聽每晚很制式卻不時迸出意外火花的檢討會，我雖不全然贊同他們的一些想法和作法（如完全拒絕族人的食物餽贈），但卻因著逐漸理解，而能夠就共同關心的部落議題，與一些山服成員展開實質與細緻的對話和交流。

此外，透過對異文化的探索進而回頭反思自身，也是人類學非常特殊且珍貴的特質。人類學家常常自以為最了解部落，甚至自詡是部落代言人，但在族人看來真是如此嗎？山服的研究迫使我更批判地思考自己在部落裡的角色。雖然人類學家和山服看待與進入部落的脈絡相當不同，但我發覺一些非常投入的山服團員和人類學家有一相似之處，就是常處於接近「精神分裂」、不斷反省的情境。主要原因在於跨文化的體驗所造成的「中介狀態」（liminality），它造成混亂也帶來啟發。

「研究」與「服務」都是充滿目的性的負擔，這常讓我們在部落的人際交往裡無法完全輕鬆自在。人類學家格拉本（Nelson Graburn）將觀光比喻為世俗的儀式，山服出隊或人類學家出田野也具有類似性質，而且是定期或經常性的儀式行為，這讓我們常常在兩個不同文化世界中穿梭往返，有更多的機會去反思自我與他人之間的差異與溝通。

我也發現有不少年輕時參加山服的人，因此對原住民部落有了牽絆，有的走入人類學，有的從事社會運動，有的從事與原住民兒童托育或部落健康有關的工作。透過山服，我開展了某種新的社會網絡，這是之前做「傳統」人類學原住民研究時很少有機會碰觸到的一些領域和人脈。

開學前某一天，在台北往埔里的國光號上，突然手機響了。我接起電話，「新年快樂！」「新年快樂，是哪一位？」「我是載你們下山的那個……」「輝明嗎？」「對，正傑也在旁邊。」就這樣，兩人輪著和我講電話：「妳有想我們兩個嗎？」（注意！是兩個）「當然有，我還在網路上放了很多種豆苗那天的照片」……「暑假妳還會上山嗎？」「應該會，只要時間允許。」我心想，這樣的對話情境應該出現在很多山服夥伴與山上的小朋友／青少年之間吧，只不過他們的是青春版，我的是成年版。

等下次上山，我也可以從小骨頭升格為老骨頭了！

「真命天子」與「買不起的風水」

宋世祥

中山大學企管系博士後研究員

大學唸宗教學系，後來轉跑道到人類學。博士論文跟「風水」與「物質文化」有關，現在則越來越偏向人類學在各領域的應用，也探討經濟現象背後的社會文化意義，推動人類學的大眾化，促成跨領域的交流。

台灣每當遇上大選，媒體關注藍綠鬥爭之外，報導每一位候選人的「風水」是另一個有趣的現象，尤其是候選人競選總部與祖墳的風水。在這類新聞中，「民意」絕對不是要彰顯的重點，而是表現誰能掌握難以預測的「天意」。

誰是「真命天子」？

讓我們先看看媒體怎麼報導不同層級的選戰中候選人的風水。仔細分析可以發現，立委與市議員這類民意代表的風水通常難以登上電子媒體，多半只有平面媒體報導，報導內容往往也只提及「競選辦公室」，且多為候選人介紹自己的風水因應策略，或是介紹競選總部有什麼風水上的優勢。從媒體的角度來看，他們的風水沒有新聞價值，頂多只能填補版面。

相反地，遇上總統與地方首長等級的選舉時，候選人競選總部的風水新聞經常登上電子媒體。在這些報導中，常可聽到幾種論點，比如比較競選總部前方的「明堂」（廣場）是否開闊，因為這象徵了一個候選人的格局是否夠大，能否廣納民意；競選總部後方是否有更高的建築物做為「靠山」，因為這代表候選人有無政黨與地方勢力支援；競選總部兩旁有沒有建築物做為「左輔」與「右弼」，因為這暗示了候選人是否有貴人相助；以及前方的建築物是否為「阻煞」，因為這代表了候選人遭逢小人口舌官非的機率高低。

各候選人的「祖墳」更是記者們喜愛的題材。媒體描述的重點通常在於是否得到「穴位」？是否位居「龍穴」？是否具有「氣勢」？此外也會介紹各候選人的身家背景，其先人在地方上做過哪些事，鄉親們又有什麼樣的評價。從風水的角度來預測一位候選人能否當選，不光是看當下本身的作為，還把時間的軸線向前延伸到祖先一輩。

但也非所有風水師都認同這類報導。筆者的報導人、風水老師「袁老師」就對於媒體過度報導「競選辦公室」的風水頗不以為然。他認為陽宅風水是要「住」在裡面，空間的風水才真的有用，就像一個公司老闆的陽宅風水不能只看辦公室，也要看住家，因為人一天當中在家裡的時間最多，所以住家的風水更為重要。同樣的邏輯，候選人從早到晚在外跑攤拉票，其實沒有多少時間待在競選總部裡面，根本無法辦法享受其風水上的效果。

不過從現象上來看，這些媒體內容都暗示：一個人能否成為眾人之首，不僅競選總部風水要好，更需要有祖墳的地理庇蔭，才有機會站上領導人的位置，成為「真命天子」。有趣的是，到了這個層級，像是擔心被貼上迷信的標籤一樣，我們再也看不到候選人宣稱自己的風水好壞，甚至強調自己「只求自己盡力，不問玄學鬼神」；而是由媒體邀請風水師到候選人的競選總部或是祖墳，做專業詮釋與判斷，進而做出對選舉結果的預測。

◦「一命二運三風水」

「風水」一直是西方人類學家研究漢人社會的重要課題，其目的並非研究風水是否有效，而是要進一步詮釋風水實踐背後的文化邏輯與社會意義。早期的人類學家弗雷澤（James George Frazer）指出，風水的操作即是一種「模擬巫術」的原理，透過想像「景觀」與真實事物的關聯性，做出對應的行動策略。近代研究風水的人類學家則習於將其連結「親屬」體系，如弗里德曼（Maurice Freedman）指出墓葬風水反映了漢人父系社會對於祖先神靈的想像及其對於子孫庇佑的追求，後嗣子孫甚至還會在墓葬上相互競爭，以求得對自己最為有利的好風水。王斯福（Stephan Feuchtwang）則提醒，風水雖然為漢人的一種宇宙觀，但其操作的方式則會與時俱進。

從人類學的角度來看電視上的風水新聞，其不僅反映著當代台灣漢人社會理解風水的方式，也可以看出風水在當代如何與政治或是經濟現象結合在一起。風水新聞就像名人八卦一樣，代表候選人的人氣高低——人氣越高，人們越好奇，這類的新聞自然也就越多。然而風水為何成為台灣媒體分析候選人勝選與否的一環?除了代表閱聽群眾的偏好之外,也應進一步思考「命運」概念在台灣漢人文化裡的意義。

民俗上,台灣人常把「一命二運三風水四積功德五讀書」掛在嘴邊,用這句話來理解一個人的成功,以及改變現狀的可能性。「命」、「運」、「風水」、「功德」與「讀書」這五項中,前兩項相對抽象且難以操作,後面三項則保留了人為操作的潛力。其中,「風水」擺在這五項的中間位置,正反映了一種「中介性」——處在「有形」與「無形」、「具體」與「抽象」的範疇之間。跟「命」、「運」相比,風水表現了一種透過物質累積的能動性(甚至是可消費性),但又無法說明其具體的影響為何、範圍有多廣,也因此有了更多想像的空間,保留一般人透過風水掌握命運的可能性。

很多人類學家,如郝瑞(Stevan Harrell),指出在漢人的觀念中「命」是「注定的」,「運」則是可以被改變的。也有人類學家(如林瑋嬪)注意到,「命」往往也是對於一個人人生的總評或是想像,一個人是否擁有「好命」,端看其是否滿足了社會中對於「成就」的道德人觀想像,如「五子登科」或是「香火傳承」等。我自己的田野調查過程中則發現,在命理風水師的論述中,為了保留「命」的可操作性,在分析顧客的命理時都預設了「命是運的積累」這一潛在的命題。甚至,若是從命理的角度上來講,當風水命理老師提到人的「命格」時,是在表達:「命」其實是「運」的結構,改變當下的

「運」，才有可能改變「命」最終呈現的樣貌。延續弗里德曼的觀點，爭奪好風水其實反映漢人認為成功並非全然依靠自己的努力；爭取最好的運氣進而獲得成功，是漢人社會重要的信仰心態。「風水」、「功德」、「讀書」其實都是改變「運」的策略與方法。在觀念上，「命」比「運」難以改變，可是「運」若透過持續性地「微調」，有可能改變累積而成的結構，最後得以改變一個人的「命」。也因為如此，才能將候選人難以預測的「天命」從具體的風水物質空間上得到線索，成為預測選舉結果的依據之一。

祖先風水如何庇蔭子孫？

常可聽到風水師說，陰宅風水改變運勢的效果比陽宅風水來得強大，因為這不僅是人與祖先的連結，更是透過祖先遺骨進而和大自然（或是風水師口中的「大地理」）獲得強力的連繫。候選人做為後代子孫，當下的「運」其實一部分來自於從出生就得到的祖先風水庇蔭。舉例來說，當風水師說一位候選人的祖墳位於「白鶴穴」上，這不僅類似人類學家弗雷澤所說的「模擬巫術」，或是在說該地風水有多好，更是暗示了候選人自幼便透過家族從大自然中得到「好運」，且如同投資一樣年年積累「運勢紅利」，進而有機會取得政治首長的位置。

當代人類學對於資本主義的研究中，強調每一個資本主義社會的運作，其實也有在地的邏輯與思想特徵。資本主義的經濟型態強調個人能力決定經濟與社會成就，由此角度來看，「命」、「運」、「風水」、「功德」與「讀書」皆暗示了人在社會經濟體系中的能動性（agency），而這個能動性與個人的經濟位置與能力密切相關。因為風水的「整體概念」雖然大同小異，但「操作程度」卻端賴實踐者的經濟實力，是以社會各個階層的風水實踐在具體選擇上自然有所不同。

屬於資產階級的富貴之家，更有能力將金錢投資在風水實踐上，祖先葬在風水寶地、房子也買個順風順水的豪宅，平日能夠定期慈善捐款積功德，更不用說讓孩子有機會接受良好教育。也就是說，在資本階級的世界，小孩子從一出生就受祖先的好風水庇蔭，說不定有以他為名的慈善基金，或是早早就出國當小留學生，這樣邁向成功或是延續家族榮景的機會自然較高。相形之下，一般民眾如果處在相對的經濟弱勢，怎麼有機會讀書與做功德？如果沒有一定的經濟實力，又怎能有機會改變自己的住宅風水？改變自己的「運」與「命」？

相同的觀點也可用來詮釋為何台灣媒體總愛報導政商名人下葬墓地的風水穴位。當前，台灣為解決墓地不足情況，普遍轉向火葬，唯有財大勢大的上流階層，才有機會買下風水寶地，埋地土葬。對風水師而言，在帶給後代子孫福氣與庇蔭的風水效力上，遺骨燒成灰擺入靈骨塔的「火葬」，遠不如「入土為安」的土葬。然而，土葬用地愈來愈難取得，費用也越來越高，一般人自然也就得不到土葬風水所帶來的「運勢紅利」。

從這個角度來看，我們也已經可以預測，每一次台灣的總統大選，藍綠候選人的「風水」新聞應該都不會缺席，媒體勢必拿候選人的祖墳與競選總部的風水好壞，來預測誰是台灣未來真命天子／女。然而，在這樣的新聞報導放送的同時，不只宣示台灣社會用以複製社會階級的策略，買不起的風水豪宅與風水寶地，也早已成為一般百姓與魯蛇只能望之興嘆的奢侈品……

芭樂人類學

PART 2
飄洋過海的芭樂

• • • •

人類學從異文化研究起家，游移跨界，整個世界都是我們的田野地。

有「世界觀」不等於只看歐美，人類學家四海為家，

且看他們在印度、中國、馬來西亞、帛琉、韓國、印尼的奇遇。

芭樂人類學家出田野做研究得要會十八般武藝，

包括跑快遞、過荒唐的耶誕節、參加喪禮、種芋頭、唱KTV、

和看電視吃泡菜。當我們看到不同的地方，才更能看清自己。

歡迎與芭樂一起飄洋過海，探索世界。

• • • •

潘美玲

交通大學
客家文化學院
人文社會學系副教授

美國杜克大學社會學博士。沒有方向感經常會迷路，卻因研究流亡藏人生存策略的難民經濟走遍印度，而發現了「印度的西藏地圖」。

進入田野，「使命必達」

印度位於南亞印度次大陸，國土面積世界第七，人口則排名世界第二。幅員廣大的印度雖有四通八達的鐵路系統，但實際上能供應十億以上的人口和大量物資運輸的基礎建設其實還很不足，火車、公車能塞就儘量塞，甚至包括車頂，我在南印度就親眼見過一台機動三輪車，有人稱為「嘟嘟車」(auto rickshaw)，裝了大小喇嘛十幾人。在印度，任何可以移動的運輸工具都被充分利用到裝滿、裝不下為止。台灣人相當習慣的高鐵、捷運、公車，當然還有摩托車等交通工具，以及郵政體系、宅急便，還有網路訂購二十四小時內取貨等便利服務，除了過年和國定假日，基本上都能有效地進行「移動」和「傳遞」；但對印度中下階層的人而言，如何經濟而有效率地「移動」，或如何將物品「運送」到目的地，是日常生活的戰略，像是搶票、爭位子般的鬥爭，或是共乘、搭便車等順手幫助的資源分享。

六度分隔的小世界

一九五九年中共解放軍進入西藏首府拉薩，西藏的精神領袖十四世達賴喇嘛流亡印度。當時以及之後的數年間，有數萬名的藏人陸續翻越喜馬拉雅山，到印度、尼泊爾尋求政治庇護。包括達賴喇嘛，這些流亡印度的藏人都成了政治難民，印度政府也在一九六〇年提供位於北印度喜馬偕爾邦（Himachal Pradesh）的達蘭薩拉（Dharamsala）做為西藏流亡政府的所在。對流亡在印度的藏人而言，規畫、利用／挪用各項連結，更是在印度生存的一項重要技能。連做為田野研究者的我，也成為他們傳遞物品的環節，行李裡面有一個使命必達的「快遞專區」，將東西直接送到指定的人手中。

「傳遞」基本流程如下：為了研究流亡藏人在印度的毛衣貿易，我必須走訪藏人設有毛衣市場的印度城市。每一次的田野旅程都是新的開始，規畫路線，解決交通和食宿問題。最好的情況是找到當地的藏人接應，這得先從台灣延伸到印度某個城市進行網絡動員，同時在下田野之前，請台灣的藏人或藏傳佛教徒打聽，介紹當地可以幫忙的人。風聲散布出去，有效線索進來的時候，也就同時會受到請託，幫忙順便帶東西到印度去。

這個過程印證了「六度分隔」（six degree of separation）的小世界理論，也就是說平均只需要找到合適的六個人，不論是誰，或在世界哪個角落，就能和世界上任何一個人產生連結。這個過程也顯現了台灣到印度各種民間的網絡關係。幾趟下來，我帶過形形色色的物品：例如藏人歌手葛莎雀吉在台灣首度發行的音樂光碟《度母化聲》，我幫忙帶過數十片到達蘭薩拉；我也帶過幾組台灣製造的電動髮剪，這是台灣藏傳佛教中心為他們在南印度的佛寺所準備的，對於出家人而言，相當實用的禮物。最「重量級」

的紀錄是台灣有機豆腐業者的託付，請我帶各重達十公斤的凝結劑和發泡劑。當時台灣業者發願協助南印度藏傳佛寺成立豆腐工廠，增進他們素食飲食的多樣性和蛋白質營養。由於尚屬草創階段，還未在當地找到合適的原料，品質也不穩定，所以得從台灣送原料過去，而這批生產豆腐的材料，也關係到接下來的幾個月，整個佛寺數千人新鮮豆腐的供應。為了使這些白色粉末不會在入境印度時被海關誤認為毒品，我們還費了一番周章請化工行出具證明，以防萬一。

至於幫忙帶錢就很普遍了，像我的藏人朋友札西，他熱心地幫我介紹住在西姆拉（Shimla）的舅舅，請他協助我田野的安頓，還很「台灣地」拿出一百元美金，要我在西姆拉見到這位「只通過電話但從未謀面」的舅舅時，幫他送出這個紅包；而我也帶回來舅舅的照片，讓札西知道舅舅的模樣。我也曾經幫忙台灣的佛學團體帶過數千美金的捐款給印度某個學校。這個佛學團體歷年來都會到印度一個由義籍人士創辦、專門收容印度窮苦兒童的學校擔任志工，但後來他們覺得這樣所做有限，不如將機票錢省下來，直接捐給學校，正當在苦惱不知該如何將錢送到，透過朋友知道我要到該地做田野。對我來說，有這種做好事的機會，當然也是「使命必達」。

親手遞送，有來有往

通常我都會知道幫忙攜帶物品內容，不過偶爾還是有例外。某年到印度的田野規畫了幾個地方，最後一站會到達蘭薩拉，台灣達賴喇嘛基金會的秘書託付給我一個小包裹，要親送到達賴喇嘛法王辦公室。我不便多問，但總有許多想像：到底是什麼重要的東西，要我們親手送達？護送這種「最高機密」，那我們不就成了〇〇七影片中的角色了嗎？一路上戰戰兢兢小心保護，最後終於交到法王秘書的手中，任務達成，也解除了心裡的壓力。最後我還是忍不住問了包裹的內容，謎底揭曉原來是「硃砂印泥」，是法王正式用印時要使用的文具，但這種在台灣很普遍的印章文化用品，在印度卻不容易找到品質合適的等級，而需要由駐外單位協助提供。不過我還是有個疑惑：既然是文具用品，為何不直接用寄的？算算我們去印度一趟直到「使命必達」，所費時間和寄國際郵件沒差多少，就官方單位而言，寄這種包裹的郵資也絕不是問題。但藏人確實傾向請人幫忙帶東西，以關係網絡傳遞物品，或是普遍存在請人帶錢的情況，直接的理由是省去匯款手續費或郵費，但背後透露的其實是「信任」的問題。多數藏人無法成為印度公民，難民的身分不能在印度的銀行開戶，也經常面臨印度官僚重重關卡的刁難，所以印度的郵政系統無法得到藏人的「制度性信任」，於是便利用各種社會網絡做為解決問題的途徑；「使命必達」也成為親朋好友的義務。

除了信任的問題，利用「使命必達」還有一個好處，就是可以做到情感的傳遞，而且還是有往有返的雙向溝通。例如，幫札西送錢給舅舅時，就會向舅舅報告札西的近況，並幫忙札西傳達關懷之意；而我也有回程的「義務」，向札西轉達舅舅要他保重身體等言語，或者描述東西送達當下的「感動」，這種人性的交流不是任何商業快遞業者或者官方的郵政系統的郵差所能達到的「境界」。當然，我也受託帶物品回台灣，例如在台灣的藏人要我幫忙帶錢給在印度出家的大哥參加法會，送達之後，我則受託帶回一套藏服給台灣的弟弟，將物品與資源移動的效率發揮到極致。

無遠弗屆的網絡

有人對印度社會下了這樣的評論：「會很慢但不會太慢，會出錯但不會太離譜。」(It is late but never too late, it is wrong but never too wrong.) 這句話用在郵政系統也很貼切。其實，印度的郵政系統早在一七七六年被英國殖民時就已經建立。發展至今，有超過十五萬個郵政據點，堪稱全世界最大的郵政系統，且其中九成是在鄉村地區，平均每二十一平方公里，就有一家郵局，服務約七千人。在台灣要收到由印度寄來的包裹，至少要等上三個星期到一個月的時間，最外層會被仔細地縫上白布，並被蓋上好幾個紅色的封蠟章（火漆印），足見這個郵政系統的歷史和「時間感」。

在紀錄片《達賴喇嘛十問》（*10 Questions for the Dalai Lama*）的開始，導演雷伊（Rick Ray）到了印度，卻不知道要怎樣聯絡達賴喇嘛預約採訪時間，導演的印度司機建議：「可以寫信給達賴喇嘛約時間。」但導演說：「我不信任印度的郵政系統。」司機說：「喔！這裡是印度，你可以寫電子郵件給達賴喇嘛！」的確，通訊科技的進步超越了許多障礙，使溝通更直接。西藏女作家唯色身處被中共公安控制的環境，和許多留在西藏的藏人一樣無法取得護照出國，然由藉由網際網路，她可以直接跨越地理與政治的藩籬。二〇一一年，沒有護照的她在西藏境內達成了晉見達賴喇嘛的願望：「我流了很多很多的淚。當我以藏人的方式磕了三個頭、默頌祝禱文、手捧哈達跪在電腦前，淚眼朦朧中，看見嘉瓦仁波切（藏人對達賴喇嘛的尊稱）遙遙地伸出雙手，似要接過哈達，又似要給我加持，我無法用言語描述內心的感受……」只是，科技的進步讓人們可以利用手機和網路，但唯色還是無法親手將哈達獻給達賴喇嘛。

因此，雖然印度有全世界最大的郵政系統，而當代資訊科技也讓人與人之間的溝通超越了地理的限制，但我執行的「使命必達」的信任與情感，卻是任何商業機構或先進科技不能取代的。於是在印度的藏人流亡社會中，空間的移動不再是個人的事，我會停留或拜訪哪些地方、要去見哪些人，也不再完全是個人自主的決定。因為在執行「使命必達」的任務中，既有的社會網絡被動員，個人的網絡也被延展，每一次從台灣到印度的田野之旅，拜訪的地點或遭遇的對象，看似巧合卻又如命中注定。

Z縣的聖誕節

陳伯楨

台灣大學人類學系副教授

筆名芭樂貓。家有一百吋電視螢幕打電動的考古人類學家，也有一百件圖案古怪的T恤，出席學生口試時會挑有暗語的穿上身。夜市達人，每天打卡美食照，成為貓奴後改鞋歸正，每日進行貓族的人類學觀察。

一九九九年秋天，我和一位美國同學到重慶三峽庫區的Z縣進行考古搶救發掘工作，同時為我們的博士論文尋找材料。由於公安堅持「外國人」不能住在村子裡，必須住在核可的「涉外賓館」，於是我們被迫住在Z縣縣城，每天包一台車、花上半個小時的車程到遺址工作。

這是一個很小的縣城，全縣的涉外賓館只有一家，就是由電力公司經營的X賓館。說是賓館也不那麼正確，其實只是將全縣電力調度大樓剩餘的空間挪出來，做為二星級的涉外賓館。儘管它是全縣的電力調度中心，但是平均兩到三個禮拜會跳一次電。整個賓館上至經理，下至服務員，都是從電力公司調來的職員，沒有人有經營旅館的經驗，最「國際化」的設備就是櫃台幾個世界主要城市的時間。不過我從來沒看到指針動過。

當時X賓館開業不到一年，我們是他們第一次的「涉外業務」，對全賓館上下來講是非常緊張的經驗，除了把最大的一間房間給我們，對於我們的要求也幾乎有求必應，所以這大概是我最舒服的一次田野經驗。

十二月底，我們迎接了在Z縣的第一個聖誕節。不像台北，整個縣城完全沒有聖誕節的氣氛，文具店裡只有紅色的中式賀年卡，幾乎看不到聖誕卡片。十二月二十四日早上出門時，賓館經理說要請我們吃晚飯，從下午便一直打電話催我們回賓館。一回到房間，我和同學都嚇呆了，房間掛滿了閃爍的五彩燈泡，桌上有一棵塑膠小聖誕樹（後來才知道這棵聖誕樹是坐五個小時的船到重慶市買的），整套卡拉OK機被搬進房間，還有一張從廚房搬來的大圓桌。經理叫廚房做一桌酒菜，請賓館內和我們比較熟的員工一起過聖誕。

經理說其實他也不知道聖誕節是幹什麼的，只從電視和電影知道，聖誕節大概就跟中國過年的意思差不多，所以想給離開家鄉的外國人有過節的感覺，而我們也確實過了一個愉快的聖誕夜。

•••••

第二年回到Z縣，整個環境都產生了巨大的變化。隨著三峽水壩工程的持續進行，大量的現金湧入這個區域，使得整個縣城的經濟開始活絡起來。城裡面新開了兩間民營的賓館，都強調是三星級的水準，搶走不少X賓館客源。為了迎戰這兩間新賓館，經理想起去年聖誕節的愉快經驗，決定用聖誕晚會做號召，大肆宣揚賓館的「國際化」。於是從十月中開始，經理便常常來問我們諸如外國人怎麼過聖誕節等細節問題，打算好好準備一番，藉此打響賓館的名號。

十二月中，縣城裡已可隨處看到X賓館的聖誕節海報及傳單，強調有包括火雞大餐（不知道這是怎麼冒出來的想法）在內的各式食物、歌舞表演、聖誕舞會、保齡球館開放等，保齡球館也是為因應新賓館想出來的花招，在賓館內蓋一個只有三個球道的球館。不過這可是周遭幾個縣裡面唯一的保齡球館呀。經理還給了我們兩張套票，當天可以自由進出所有的場子。

到了聖誕夜當天，懷著興奮的心情，我們踏入了人潮洶湧的餐廳。整個餐廳被布置成西式自助餐的樣子，放著烤火雞標示的大盤子擺在最顯眼的位置。奇怪的是，這盤火雞只有翅膀，沒有其他的部位，雖然尺寸是比一般的雞大上不少，但和我見過的火雞相比好像又小了一號，味道也吃不太出來是不是火雞。於是我跑去廚房問認識的廚師：

「我不會跟別人說，但是桌上那火雞到底是怎麼來的？」

「就滷鵝翅呀。」

「你們不是在牌子上面寫烤火雞嗎？」

「反正也沒人吃過火雞，就將就著吧。」

「……」

至於之前經理問我們的一堆聖誕節故事，以及各種西方派對的小遊戲，一個也沒有出現，因為先不說一般民眾會不會感興趣，就連經理也只是一知半解，完全不知道要應用在什麼樣的場合。餐廳裡準備了各種貌似西餐的中式餐點，走出了餐廳，只見大部分的人都在煙霧瀰漫的茶樓裡打撲克及麻將，不然就是在充滿白酒味的卡拉OK廳裡唱歌。

出乎意料的，特地把室外停車場清空布置出的舞會，整個晚上只看到男主持人及兩個帶舞的小姐在台上賣力表演，台下稀稀落落地站了幾個人，遠遠地觀看，而看似舞池的地方，整晚沒有一個人下去跳舞（大概是太害羞了吧）。於是，這可能是Z縣史上第一次的聖誕晚會，就以一種極富「中國特色」的方式渡過。估計大部分來參加的人都搞不清楚什麼是聖誕節吧，但大家也玩得非常愉快，而經理也對於能吸引到這樣的人潮感到十分得意。

● ● ● ●

到了第三年，其他兩家旅館也紛紛以聖誕晚會做為號召。在氣氛的帶動下，整個縣城早在一個月前就開始出現濃厚的聖誕氣息。街上的商店到處可以買到聖誕卡片及塑膠聖誕樹，超市和當時新開幕的百貨公司（也是Z縣的第一家百貨公司）則是強力放送各種聖誕節的音樂。

沒想到在短短三年的時間裡，我們便親眼目睹一個純屬西方的節日迅速地進入一個中國內陸的小縣城，而我，甚至還可能在裡面扮演一個關鍵的小角色。至於聖誕節對於Z縣人民有什麼意義？它是否意味著商業文化對於內陸小縣的入侵？或只是代表全球化的一個現象？對於一直相信自己正在吃烤火雞的Z縣人民來說，開心就好，那些問題就留給喜歡製造問題的人類學家去傷腦筋吧。

「傳統」可以外包嗎？

陳玉苹

台灣大學
人類學博士

曾在卑南族知本部落和太平洋群島的帛琉進行人類學田野，對於人類如何在不同的處境中發展出生存智慧感到好奇，關注的議題為經濟、物質文化、歷史、全球化對地方的影響等。喜歡自助旅行，在不同的國家與文化中感覺人性的溫度。

如何能在以跳躍的速度進行現代化的同時，還維持「傳統」的實踐，是許多社會都面臨的問題。帛琉自然也不例外。帛琉得天獨厚，經濟條件較周邊島國為佳，得以引入大量的外籍勞工來應付國內的勞動力需求。這些外籍勞動力的引進正好取代了移居海外的帛琉青年勞動力，也在某程度上扮演著實踐「傳統」的角色，弔詭的維繫了「傳統」的運作。但是由外國人執行的「傳統」，還是「傳統」嗎？

帛琉移工的時代背景

帛琉是個相當年輕的國家，一九八六年開始有自己的憲法跟自治政府，經過與託管國美國的協商，簽署了自由聯盟協定（Free Association Compact）後，於一九九四年獨立。美國依據該協定將在十五年內提供四億五千萬美元，協助帛琉維繫政府官僚體系的運作，以期能達到完全獨立。但附帶的條件是，帛琉必須開放國土讓美軍進駐。在這樣的背景下，一個僅有兩萬左右人口的小島，必須維持參眾兩院的政府以及十六個州地方政府的運作，因此島上有三分之一以上的人都在政府任公職，領政府薪水。帛琉亦為著名的觀光潛水景點，一九九〇年代起，來自歐美與亞洲的遊客逐年遞增，為帛琉帶來不少收入。二〇一一年，帛琉的國內人均產值（GDP per capita）已到達一萬美金，高出鄰近的島國和菲律賓近兩倍。

帛琉一向被認為是密克羅尼西亞地區（除了美國屬地關島之外）最富裕的國家，從大興建設的一九八〇年代開始，便引進菲律賓的勞工來協助營建。一九九〇年代更因為開放觀光而引入大量的菲律賓人，多數擔任家庭幫傭、商店雇員、餐廳廚師等工作。除此之外也有孟加拉人和中國人，目前有大約七百至一千名的中國人，在帛琉經營農場，種植蔬菜水果。但由於語言的關係，外籍勞力還是以菲律賓人占大多數。

帛琉的青壯年人口中，約有六、七千人旅居美國，留在國內的帛琉人以年長者與青少年居多。而帛琉境內的外籍勞工總數差不多七、八千人，這些外來的工作者承擔了這個國家幾乎一半的勞動力，是非常特殊的現象。

◎文化新手＝家庭幫傭？

多年前第一次去帛琉出田野，透過關島某教授的介紹，我順利地住進她一位學生的家中。這位學生的家長身居政府要職，家中非常氣派，豹紋掛毯鋪滿了整個牆壁跟天花板，室內放很強的冷氣，有一種「好野人」的霸氣。這個家庭兼營了好幾項生意，有出租公寓，美容院與卡拉ＯＫ等，雇用了大約十五名的菲律賓籍員工，分別在不同的家族事業中工作。

我的身分有點尷尬，因為我其實不算主人的朋友，只是來此地進行研究，透過他人的介紹暫居於此。按照以往的想像，人類學家寄宿的家庭是田野的開端，透過跟寄宿家庭的熟稔，再經由他們的協助，引介認識相關的訪談對象。但是住進去一週，我就發現跟家庭成員碰面的機會相當少。寄宿家庭的夫婦每天都去公家機關上班，白天只剩下我與幾名菲律賓籍的員工待在家中，跟他們聊天的時間比跟主人聊天的時間多。因此，我對當地的第一印象其實是來自於這些外籍工作者，藉由他們的認知跟想法間接認識他們的雇主。

第二次到帛琉進行長期田野時，我找機會住進了離首都很遠的村子。這時我心裡想：總算能夠真實的跟當地人生活在一起了吧！但是沒想到，這個村子裡也充滿了外籍工作者。我寄住的那個村子總人口大約兩、三百人，多數青壯年白天在政府機關上班，過著每週五日、朝九晚五的生活。因此以往的家務或者傳統上兩性分工的傳統生計——例如女性負責種芋頭，男性負責捕魚——只好雇用外籍工作者協助。村內有許多人家聘用菲律賓籍的家庭幫傭，若是子女在國外工作，但是父母已經老邁，村民多半會請外籍看護來照顧家中的老人。此外，菲律賓籍的男性還會被當地人雇用到珊瑚礁內捕魚，漁獲主要賣給首都的餐廳，以供觀光客的需求。另外還有孟加拉籍的勞工，一個孟加拉人可能會替三、四家的婦女照顧傳統的芋頭田。

我這一次寄住的家庭中，男主人每天要開四十分鐘的車去首都上班，晚上九點過後才會回來。女主人在小學教書，早上七點就離開，到下午五點之後才回家。家中依舊只剩下我和另外一名菲律賓籍的幫傭。只有等大家都下班了，或者我衝去政府機關，才能接觸到比較多的當地人。

在一個兩、三百人的村子中，可能會有三、四十名的外籍工作者，他們除了從事以往島民認為是界定性別角色的生計活動，甚至也參與了儀式用食物的準備工作。我想要學習傳統的文化，因此自願幫忙儀式準備過程；然而我是一個「文化新手學習者」，很自然地被劃分到外籍工作者那一區。

在準備儀式的過程中，當地人像是使喚他們家的外傭一樣，指導我應該怎麼協助，我跟著我們家的菲律賓姊妹們一起忙進忙出，結果在儀式過程中，我談話最多的對象，依舊還是這些外籍工作者。後來我只好捨棄在台灣做田野時經常藉由實際參與當地工作而與當地人熟稔起來的方式，開始試著把自己調整到「雇主」的位置，才能比較深入地接觸到當地人。

外勞與傳統文化的傳承或斷裂

由於前殖民國引入民主政治的科層體制與資本主義的市場機制，造成帛琉的社會生活劇烈變遷。當地居民從以往打漁農作的勞動型態，一下子進入公務或者商業體系，也從季節性的工作型態，一下子轉變為每日有固定的工作時間。這種工作型態的變遷，影響到的不只是生活層面，實際上更牽涉到整個文化的實踐方式。例如，進入現代的生活型態後，當地人只在週末才有空進行傳統的生計活動，很多人也因為收入考量而放棄了傳統的產食方式。傳統生計方式所蘊含的意義不只是「食物」這麼簡單，還包含了對於當地生物或環境的知識。

因此有學者曾經擔憂：當許多帛琉傳統「外包」給外籍勞工，是否會影響傳統性別分工的意義以及儀式的傳承？

性別分工的意義主要來自於傳統儀式舉行時，家族中的男性女性分別提供不同的食物。以往島上的主食是芋頭跟魚，男性負責捕魚，女性負責種植芋頭。當經濟環境改變，現金經濟（cash economy）成為當地主要的經濟形態後，多數人開始使用現金去取得儀式中需要的食物——男性到市場或商店購買魚類、海鮮類，或其他動物性蛋白質，像是牛肉跟豬肉；女性則購買芋頭（或者雇用外籍工作者種植芋頭）、樹薯（tapioca）、白米等。有趣的是，九〇年代初期帛琉的外援增多，觀光業開始發展後，傳統儀式不但不因「現代化」而衰微，反而更旺盛了。芋頭是儀式中很重要的傳統食物，包括紫色的一般芋頭（當地語 *kukau*）跟特別尊貴的黃色巨型芋頭（giant taro，當地語 *prak*），從來都不曾缺席。經濟的繁榮促進了儀式的興盛，當地人也開始對這些「傳統文化」進行討論、辯證跟修改，沸沸揚揚，充滿活力。這種有點違反直覺（現代化必然帶來傳統衰退）的現象，與帛琉大量的外籍勞力息息相關。

某日，我跟一位在馬紹爾群島做田野的研究生聊天，她很驚訝我居然常常吃到芋頭。因為不論哪一種芋頭的種植，雖然並不複雜但是很費工。巨型芋頭長至成熟，需要一年以上的時間，在此期間，需要定期去除草、翻土、灌溉。而且芋頭田屬於沼澤地，在田中工作時，移動是一件滿麻煩的事情，需要穿高至胸口的漁夫專用防水衣才能下田；而且體重太重的人很有可能會深陷其中，難以移動（現在很多島民都有體重過重的問題）。因此，相較於在商店就可以買到的進口白米，這種傳統食物的取得過程著實難上許多。不過，因為外勞的普遍，在帛琉要取得這種儀式作物倒是比其他密克羅尼西亞的島國要容易多了——現在帛琉人舉行傳統儀式，勞務部分就靠經濟資本搞定，只需要努力地操弄象徵意義跟文化資本就好。

勞動力的道德意涵：什麼可以外包？什麼不行？

在上述故事中，如果把「種芋頭」替換成「老人照護」，或許就會變成台灣人很熟悉的例子。在台灣，現代經濟的工作形態，擠壓了社區與家庭的功能，多數家庭走向核心家庭與少子化。加上青壯年人口工作時數長，如果家中有需要長期照護的長者，除了送安養中心，請外籍看護是唯一可能的途徑。而實際上，目前台灣的安養中心，也大都雇用薪資較低的外籍看護。台灣在孝道實踐的勞務部分，經常以經濟資本的形式外包給外籍工作者。

人類學的理論中，經常會談到「可異化／不可異化」這一組概念。隨著社會結構與經濟結構的變遷，「可異化」的物或者勞務似乎越來越多，也越來越逼近以往被界定為「不可異化」的範疇。例如對帛琉的女性而言，種芋頭除了是重要的生計行為，同時也是他人藉以評斷女性餵養夫家能力的標準。但是在當代，不論是年輕的職業婦女或者年長的婦女，已多半雇用外籍工作者來完成這個工作。芋頭還是儀式中不可缺少的重要食物，但是在當代，其象徵意義已大於實質意義。

帛琉人對於婦女是否具有餵養夫家的能力之判準還是存在，但形式上轉變為不論是自己種、外勞種，還是在超市買的食物都可以，只要妳常想到夫家的親戚，並且不時送一點過去，就是一個具有「傳統美德」的婦女。也就是說，在早期的民族誌中看似很本質性的性別分工及其相對應的勞務，在當代社會的脈絡中，被以現金雇用的勞動力取代了。這雖是一種不得不如此的發展，但並沒有讓傳統的性別分工的意義體系完全崩壞，反倒協助了「傳統」（不管是儀式的進行或者傳統上評價女性能力之標準）得以持續運作。

我可以體會那位學者對於外籍工作者成為帛琉主要芋頭種植者的憂慮，不過那還是一種傾向將文化本質化的憂慮。或許我們應該擔心的是，如果現代經濟資本是轉換傳統文化資本的必要條件，以後會不會變成只有有錢人才能擁有傳統文化呢？

馬來西亞天鵝城華人的「大中國主義」

徐雨村

加拿大亞伯達大學人類學博士

人類學就像哆啦A夢的任意門，讓一介書生一圓暢遊世界的夢想，除了讀不完的書堆，更帶我到原住民部落、戰地金門的蚵田、徒步整日的六房媽過爐、零下四十度的亞伯達大學校園、天鵝城的咖啡店。

「天鵝城」是馬來西亞砂拉越州（Sarawak，舊譯「砂勞越」，位於東馬）中部大城「詩巫」（Sibu，又稱「新福州」）的暱稱。整個大詩巫地區有二十餘萬人，華人超過一半，是新、馬、印三國重要的華人集中區之一。在當地，華文的使用是家常便飯，馬路上斑駁的路牌，從記不清的年代起就大多有華文，而且是放在英文或馬來文路名上頭，讓西馬（即馬來半島）來訪的朋友嘖嘖稱奇。反觀同樣是華人占多數的檳城，二〇〇七年時曾為了路牌是否加上華文吵得沸沸揚揚。或許是詩巫市議會（相當於台灣的市政府）的議員跟主席多由華人擔任，自己做政府，首都吉隆坡天高皇帝遠，遠在一千一百公里外，管不著。

為何要把詩巫暱稱為天鵝城呢？話說流經詩巫市區南端的拉讓江，又稱為鵝江，因此在一九九〇年代開始的地景改造過程中，詩巫市議會就規畫讓市區多出許多天鵝塑像（至於「鵝」是怎麼變成「天鵝」，就不在此贅述）。可惜的是，市議會可能缺乏經費飼養真正的天鵝，不然這個傳奇故事就能講得更令人信服。

天鵝城的台灣人印象

人類學家所談的族群認同包括自我認同與他人認同。生於台灣的人自稱為「台灣人」，是自我認同；天鵝城的人們對「台灣人」的獨特見解，是他人認同。我剛開始在天鵝城做田野的時候其實有些不適應，人們經常跟我分享他們對台灣的看法，明示或暗示我對某些事情表態。而我對這件事早有心理準備，當我束裝前往天鵝城之前，就寫過一封電郵給一位前輩。他提到當地人非常喜歡談論台灣的種種議題，有的學者選擇迴避，有的則選擇面對。我既然打算住一整年，就決定依循田野倫理的要求——對於當地人想了解民族誌研究者的社會文化而提問時，採取開放誠實的態度。透過對台灣人身分的討論，我更能了解他們對華人認同的深刻想法。

天鵝城有很多人來過台灣留學，也有幾位台灣人定居天鵝城教書做生意。然而，他們從父執輩口耳相傳所建立的對台灣人的最初印象——二次大戰的台籍日本兵——真是糟透了。日軍在一九四一年旋風橫掃東南亞，把英法美殖民帝國的駐軍殺個措手不及。各地華人領袖遭到逮捕、拷問甚至肅清（屠殺），當地人對於台灣人為日本天皇效忠感到困惑不解，這些台灣人明明是中國人，會講福建話（閩南語），怎麼會說著一口流利日語，當日本軍人？即使未曾親身體驗，當地人談起此事依然有一股幽怨。當下我便舉例，說明當時的台灣人所受的日本統治及教育，就像早年的砂拉越人受英國統治跟教育一樣。這下子，大家突然想起他們早年對女王的效忠跟抗爭，以及他們的英語比馬來話流利這回事。可見認同絕非理所當然。

◎台灣版的大中國主義

大中國主義（或稱「中國民族主義」）確實不是新鮮事。一八九五年甲午戰爭，孫中山主張推翻滿清，建立以漢人為主體的強大國家（驅除韃虜、恢復中華），可說是「大中國主義」的濫觴。一百多年來，這個民族主義思想因著世局變化一再修訂，並在繼承孫中山遺志的中國國民黨宣傳下，一波又一波傳到世界各地華人心中。我剛到天鵝城，朋友就告以當地華人有七成是「大中國主義」者。後來有人說八成，有人說九成。這個驚人數字，台灣跟中國其實都值得記上一筆「功勞」：兩岸分治六十餘年來，分別在不同時機推廣其「大中國主義」。

先來談談台灣版的「大中國主義」對天鵝城的影響。即使馬來西亞早在一九七四年與中華人民共和國建交，但直到一九八九年柏林圍牆倒下、冷戰結束之前，在天鵝城華人眼中，台灣就是祖國的代用品，或稱自由祖國。前往台灣留學（留台）不僅是學習專業知識，更肩負傳承中華文化的神聖使命。台灣保存了傳統中華文化的命脈，並藉由僑教政策，將中華文化深植於東南亞地區。

一九八〇年代在天鵝城夜總會上班的台灣女子（「台灣妹」）也軋上一角。木材業的輝煌年代，同時擅長華語跟閩南語歌曲的台灣妹，在天鵝城的夜總會成了炙手可熱的地方明星。台灣妹演唱一首「中華民國頌」的賞金，在鄰桌男子間的相互較勁之下，可以飆到馬幣一千令吉（當時約合新台幣一萬八千元）。這首歌集壯麗河山、綿遠歷史、優秀民族的概念於一體，堪稱台灣版的「大中國主義」顛峰之作，普遍受到兩岸與馬來西亞華人的共鳴（中國版的歌名改為「中華民族頌」）。

中國崛起之後的大中國主義

如今在天鵝城街上，聽到路人手機響起中華人民共和國國歌「義勇軍進行曲」，早就見怪不怪。我有幾位朋友天天收看北京中央電視台或鳳凰衛視。顯然，中國版的「大中國主義」已成為當地華人的主流想法。但這並不表示天鵝城華人從此棄台灣而就中國。基於數十年來未曾中斷的密切往來，他們對台灣依然存在濃厚情感，可稱為「台灣情」。

從一九九〇年代冷戰結束，馬、中關係逐漸解凍，華人也容易取得前往中國祖居地的簽證，尋根修建祖墳宗祠、幫助祖居地親人改善生活蔚為風潮。同一段時間，在台灣的外省籍朋友應也有類似經驗。天鵝城華人展現傾中情感，原因不僅止於跟祖居地的關係重建，更重要的是與馬來人周旋的經驗。一九七〇年馬國實施新經濟政策，積極扶持馬來人土著的教育、經濟機會，原就屬次等公民的華人，身分再往下墜。直到中國經濟崛起，馬國政府欲掌握此經濟契機，故放鬆政策限制，華人終有機會揚眉吐氣。然而，在馬國種族政治的脈絡下，「大中國主義」的論調帶有輕視馬來人的意味；或有招致馬來人認為華人依然心向中國，進而遭到辱罵「中國豬滾回去」的隱憂，因此是個「敏感話題」。但當地華人總喜歡在自己的圈圈裡高談闊論，表示若不是中國強大崛起，華人可能依然陷於被馬來人打壓的境地。

●「台僑」或「華僑」？

台灣在一九八七年解嚴後，社會運動及民主思潮風起雲湧，也有些人把「大中國主義」拿出來痛批。然而，這個思想基礎根深柢固，想要連根拔起，並不像政治人物所想的那麼容易。政府的僑務與外交部門深諳海外華人的想法，但在整體國家政治局勢下，大多保持緘默。

但台灣的政治發展勢不可擋，「台灣主權」的議題浮上檯面，成為「大中國主義」的對立論點。李登輝擔任總統期間，積極提倡本土意識，一九九九年更提出「兩國論」，把兩岸定位成「特殊國與國關係」，跟「大中國主義」說再見。在國民黨內外有人拍手叫好，有人破口大罵。看在中國官方與天鵝城華人眼中，簡直大逆不道，偏離了他們的「大中國主義」政治思維，口誅筆伐紛來沓至。直到二〇〇九年，天鵝城的左派寫手在報章攻擊陳水扁的時候，依然不忘順便複習李登輝的「罪行」。

更令海外華人深感憤慨的是，二〇〇〇年台灣政黨輪替後，僑務委員長宣布其主要服務對象從「華僑」變成「台僑」，原先兩岸在海外華人社會互有禮讓、分庭抗禮的局面瞬間失衡，重創台灣政府在海外花了數十年精心佈建，握有一定優勢的網脈。

二〇〇九年的農曆新年，我跟朋友們在天鵝城的「Chopsticks」（筷子）咖啡店，用叉子湯匙吃著咖哩麵——這是家招牌名稱潛藏華人意識的南洋風格飲食店，用英國式餐具，吃著印度口味的食物。大伙兒聊起前一年十一月的阿扁大審，羈押庭一路開到凌晨，有一位跟國民黨淵源極深的朋友，緊盯衛星天線傳來的電視實況，確定阿扁被羈押，才安心睡覺。阿扁確實是天鵝城咖啡店二〇〇九年最受注目的人物，我以台灣人身分住在天鵝城時，人們不斷向我提及名嘴的所議所非，順道罵罵馬國的政治人物。

二〇〇八年馬英九擔任總統，無論是台灣人或海外華人，都用放大鏡檢視他的傾中政策。我在天鵝城當地的朋友認為這是台灣迷途知返，回歸到「大中國主義」的前兆，因此歡迎任何促進兩岸關係及終極統一的政策。然而在台灣，有人欣喜於兩岸關係改善，但也有人認為本土意識遭到壓抑，言論自由倒退，疑慮油然而生。

我認為民進黨執政期間對海外華人的認識與政治作為，部分來自早年北美台灣人海外僑社的際遇。當年被國民黨與共產黨分別支持的僑社即使針鋒相對，卻也互敬三分。或許因著他們共同的「大中國主義」思想，美國洛杉磯唐人街華人社團的旗桿上依然繼續飄揚著青天白日滿地紅旗幟（有人曾試著改掛五星旗，卻立即觸動美國政府的敏感神經）。台灣人社團便成為這兩者的對立者，同時被兩大政黨的代理人排擠。

然而，東南亞卻是不同局面。天鵝城的中國新移民或台灣移民所占人口極少，因此並沒有親中的新移民社團或台僑社團可言。當地華人大多是在一九四九年之前即已定居此地，或在本地出生。如果想要純粹服務「台僑」，可能只有幾位台灣來的老師跟台灣婆（嫁給當地華人的台灣女子）。排除「華僑」就等於全盤放棄。早年留台校友所抱持的台灣情，大部分仍建立在台灣政府昔日對「大中國主義」的堅持與想望，而對李登輝與陳水扁的痛恨不滿，則出自李、陳二人粉碎了他們「大中國主義」的想望。

「大中國主義」這個意識型態，在兩岸跟馬來西亞華人之間的關係，扮演著極其重要的角色。昔日台灣對於大中國主義及傳承中國文化的堅持，確實成為馬國華人的文化給養來源。近年來中國崛起，馬國華人逐漸傾向支持中國版的大中國主義，乃是整體形勢使然。台灣要如何兼顧歷史文化根源與政治自主？如何理解馬國華人對台灣人的態度轉變？唯有深入探討馬國華人的社會歷史脈絡，才得以理解台灣人及馬國華人對兩岸關係的認知差異，減少意氣之爭。

韓劇裡的泡菜戰爭

何撒娜

東吳大學社會學系助理教授

研究領域為東亞區域比較研究，感興趣的議題包括文化國族主義、食物消費與認同、流行文化等等。喜歡聽故事、喜歡說故事，所以喜歡人類學。覺得要理解人很困難，所以同時也涉獵了社會學以及文化研究等相關領域。

一想到韓國，我們就會聯想到泡菜。我記得在美國教書時，拿了幾張東亞國家食物的照片給美國學生們看，要他們辨識來自哪些國家。我問其中一個學生怎麼知道照片裡的一桌子菜餚是韓國菜？她回答說，只要看到那一碟「紅紅」的就知道。而她口中那碟「紅紅」的，正是韓國的辣泡菜。無疑地，紅紅辣辣的泡菜，已經被大家公認為韓國的代表性食物。

韓國泡菜有許多不同種類，一般印象中紅紅辣辣的泡菜，其實只是眾多泡菜的其中一種。「泡菜」是個總稱，對於韓國人來說，所有經醃製發酵過的蔬菜就是泡菜。比較常見的泡菜材料是白菜及白蘿蔔，佐以鹽巴、蔥、薑、蒜、紅辣椒粉（製作不辣的泡菜時則不用）、以及蝦醬等，經過一定時間的發酵後製成。韓國泡菜種類非常多，每個地方都有自己的區域特色，每個家也有屬於自己獨特的味道；也因此，對於多數韓國人來說，泡菜不僅承載了屬於自己家族獨特味道的記憶，同時也是屬於全體韓國人民的認同象徵。

許多國家都有與美食相關的電影和連續劇，反映出該社會的價值、思想與所面對的議題。韓國影視作品中，與泡菜有關的相當多，本文特別以《食客》系列為例，討論泡菜對韓國人來說，到底有著什麼樣的意義，又反映出什麼樣的社會現況。

食客與泡菜戰爭

《食客》本來是一部韓國人氣網路漫畫，二〇〇七年先改編成電影，二〇〇八年再改編成電視連續劇，二〇一〇年又推出了電影《食客II：泡菜戰爭》。

《食客》故事背景設定在一九一〇年朝鮮王朝末年，日本人占領朝鮮的時代。在宮中負責皇帝膳食的廚師「待令熟手」為朝鮮的末代皇帝順宗做最後一頓御膳，他在慷慨就義前，留下遺書與一把刀，交與大弟子。之後大弟子在日本人手下努力苟活，後繼子孫創立「雲岩亭」餐廳，繼承了待令熟手精緻的宮廷料理，成為韓國傳統飲食界最重要、最具有代表性的餐廳。

到了現代，雲岩亭老闆吳熟手找到了當年宮廷熟手的嫡傳後代李成燦，並讓他和自己的親生兒子吳峰洲像親兄弟般一起長大。吳熟手全心栽培兩人，他發現開朗的成燦有料理天分，對味道擁有超乎常人的記憶；自己的親兒子峰洲則是技巧高超，且懷著將韓食料理推向國際的野心。因此，吳熟手宣布舉辦競賽，誰獲勝，誰就可以繼承餐廳與當年待令熟手留下來的刀。

在比賽的最後，雲岩亭百年來引以為傲的醬料一夕變壞，吳熟手心痛地過世。此時，一個過去曾在雲岩亭當過廚師的日本人前來挑戰，想將韓食包裝成日本食物並推動國際化連鎖餐廳，並計畫收購雲岩亭。在這最後的緊急關頭，兄弟倆攜手破除以前的不合，以自製的陳年醬料贏得比賽，保全了雲岩亭，也保全了韓國傳統宮中料理的地位。

二〇一〇年上映的《食客II：泡菜戰爭》，由同樣的漫畫家的作品改編，但劇情改為姊弟相爭。姊姊為了跟經營傳統韓食餐廳的母親爭一口氣，遠走他鄉，等到成為日本首相官邸裡地位最高的大廚師後，回到韓國。回到故里後的姊姊想賣掉母親的餐廳「春香閣」，改以企業經營的方式推廣韓食。此時，韓國國內舉辦了泡菜大賽，獲勝者可以代表韓國至世界各地推廣韓食。被母親收養來的弟弟為了保全母親的餐廳，以傳統韓國料理方式，迎戰姊姊東、西混合的料理。最後，姊姊化解了對母親的怨恨，在母親過世後繼續經營母親的傳統料理餐廳。

食物是韓國人用來建立集體認同的重要依據之一，傳統發酵食品如大醬、辣椒醬、泡菜等，往往被視為韓國傳統文化的代表；而當代韓國在東亞以及全球舞台上的位置，也影響了人們賦予食物的意義。泡菜戲劇的盛行也必須放在這樣的脈絡下解讀，下面我進一步歸納出四個不斷重複出現的主軸，從中一窺當代韓國社會的面貌與性質。

永恆的競爭關係與對「原味」的追求

從以上的簡介中，不難發現最重要的主軸就是競爭。韓國很多類似的戲劇中都出現了二個對手競爭最高地位的劇情，例如《大長今》裡的最高尚宮、《食客》裡的待令熟手、《不朽的名作》裡的宗婦，或是《眾神的晚餐》裡的料理名人。在這樣的思維裡，「正統」只能有一個、「贏者」只能有一位，其他都是輸家；「與他者的競爭」成為永恆不變的主軸。

事實上，這正是當代韓國社會的寫照。韓國社會是一個競爭白熱化的社會，只能有一個第一名，其他都是輸家。在這樣的社會裡，如果不能成為贏家，可以想像生活壓力與挫折感之大。韓國是經濟合作與發展組織（OECD）的富裕國家裡，自殺率最高的國家。

除了競爭地位，食物的味道也存在著競爭關係。我們都知道食物的味道會因著作法、食材、區域的差異以及個人的偏好而有所差別，然而對於追求只有一個贏家的韓國人來說，味道本身也存在著「正統」的競爭，只有一個味道才是「真正」的味道。因此，在韓國的大街小巷中，我們常常可以看到標榜「元祖」的招牌，強調只有自己才是正統的、真正的味道。

商品化與全球化的挑戰

另一個劇中不斷重複出現的主軸，是維持傳統、或是改變自己並以企業方式推廣至全球的爭議。

韓食世界化是韓國政府當前的重要政策。韓國經過十多年的努力，在世界餐飲版圖中力爭上游。二〇一二年五月，全州被選為聯合國教科文組織（UNESCO）指定的「美食之都」(gastronomy)，是韓國第一個美食之都，也是全球第四個創意飲食城市。

二〇一二年七月，韓國農水產食品流通公社（aT）同英國洲際酒店集團（IHG）簽署協議，藉由該集團在全球一百多個國家的四千五百多家酒店來推動韓國料理的世界化。農水產食品流通公社也對即將外派的廚師進行韓食培訓，完成培訓的廚師們被派往各駐外大使館，擔負起「韓食傳教士」的角色。該年，農林水產食品部在韓食世界化的預算，就將近百億韓元（相當於新台幣二億六千萬元）。

雖然韓食世界化是韓國政府極力推行的政策，諷刺的是，在所有戲劇裡，幾乎一面倒地反對以企業化方式來改變傳統飲食，顯示出當代韓國社會面對全球經濟時一個難解的議題：究竟要保護、維持自己的傳統口味，守護老店，還是走向餐飲集團，調整傳統文化，好迎合其他國家人們的喜好？

列強環伺中的自我認同

在這些戲劇中，我們也可以看到韓國人處在列強環伺中的矛盾心態，一方面需要得到他國的肯定，另一方面，又急於建立屬於自己的認同。《食客II：泡菜戰爭》裡的姊姊遠赴日本，成為日本首相官邸裡倍受肯定的大主廚後，才光榮歸鄉；《眾神的晚餐》裡，白雪姬的兒子也遠赴海外，成為海外頗富盛名的料理師後，才回韓國準備進行報復；《發酵家族》裡的女主人翁，原來是在一家頗富盛名的義大利餐廳，正要被升為主廚時，辭職回到家裡的餐廳。在這些戲劇中，處處顯示期待韓國料理被世界各國所認可的訊息。

然而另一方面，劇中也不斷出現從外部來的威脅，特別是與韓國不甚友好的鄰國日本與中國。《食客》電視劇裡遠從日本前來挑戰的料理師，將料理的競技變成了國家級別的對抗；《食客》電影裡的日本料理師，最後成為評判誰才是真正韓國宮廷料理繼承者的標準；而中國所扮演的角色也是一樣矛盾。

做為國族主義象徵的泡菜

泡菜已經成為韓國文化與國家象徵的食品。在《食客II：泡菜戰爭》中，想要推廣韓食世界化，最重要的就是做出好泡菜。然而事實上，我們現在所認定的、代表韓國的辣白菜泡菜，其實是約在十八世紀末才出現的食物，在這以前的泡菜是不加辣的白泡菜；而加入蝦醬發酵，更是一九六〇年代後才產生的製作方式。

泡菜原來是下層百姓的食品，是「不入流」的食物。一九八八年韓國舉辦奧運，想要找出足以代表韓國傳統文化的食物，泡菜因此被篩選出來，並加以推廣。隨著經濟的發展以及社會的富裕，韓國人逐漸建立起自我的自信與認同，對於泡菜的看法，也從過去上不了檯面的配菜，成為民族自尊心的表徵。當代戲劇裡，泡菜已經是韓國傳統料理最不可或缺的一部分，也是傳統料理的精髓。國家對於食物與認同的建構，在這些戲劇裡得到最好的例證。

除此之外，韓國更極力地推廣泡菜成為世界性的食物。二〇一三年聯合國教科文組織正式將韓國「醃製越冬泡菜文化」列入人類非物質文化遺產名錄。韓國人透過泡菜的世界化，得到世界的認可，泡菜也成為代表韓國文化傳統的重要象徵媒介。

如果說日本飲食影劇作品的重點在於追求達人的完美手藝（例如《將太的壽司》、

《料理仙姬》），以及療癒的功效（例如《深夜食堂》、《蝸牛食堂》、《海鷗食堂》等），那麼在韓國影劇作品裡，除了對手藝的追求，「競爭」與「他者」意識更是不斷出現的主題。小至人與人之間、大至國家之間的競爭，食物不只是維持生存的工具，更是表達韓國主體意識的重要媒介。對於韓國人來說，「競爭」之所以重要，是為了在東北亞相似的文化中，找出足以代表韓國主體性的獨特文化，並做為認同的依據，好在日常生活裡不斷地建構與再建構屬於自己的主體認同。

至於台灣，什麼才能代表台灣的味道呢？在韓國時，韓國朋友們問了我無數遍這樣的問題。我的回答是，沒有能代表台灣的味道；或是更精確地說，沒有一個單一的味道能代表台灣全體。我們以多元的文化自豪，也小心翼翼地維護並發展屬於我們的文化多樣性。也因此，並沒有一個味道能真正代表台灣，多元與包容是屬於我們自己的認同，而我們以此自豪。

人，是怎麼死的？

趙恩潔

中山大學社會學系
助理教授

書寫印尼跨宗教文化政治張力，思索全球政治經濟性別族群。貧農就醫改宗彰基教世家，賽德克與布農族人陪伴長大。住進爪哇穆斯林－爪華混血－天主教－印度教混搭家庭而大腦線路重拉。知識之狩獵採集者，同志之無限期好友。

二〇〇八年夏，初次來到海拔七百公尺的中爪哇小城沙拉迪加（Salatiga），第一夜就留下深刻的印象。清晨三點多，村裡清真寺的廣播悠悠傳來一陣又一陣溫柔的吟唱與宣讀。半睡半醒的我在熱帶叢林中的木頭家屋慢慢起身，長窗外的天色仍紫暗。原來，這不是一般的禱告，而是村子裡有人過世了。

一場差點辦不成的喪禮

我要等到一年後才學到，死亡在這裡不是一個人或一個家戶的事，而是全村的人與所有鄰居的事情。

即便是在一般爪哇城鎮中，也一樣有「村子」（*Kelurahan*）。爪哇城市內的村子規模類似台灣的「里」，但功能與意義上與台灣里相當不同，而且雖然是由選舉決定村長與里長，這些工作卻完全沒有薪水給付，僅是社會義務。「村子」之下的「RW」與「RT」，則類似「鄰」與「厝邊」。爪哇社會的核心社群向來不是世系家族，而是鄰里社群。鄰居是見證一個家戶婚喪喜慶的基本單位，是懷孕、出生、割禮、婚禮、喪禮等等通過儀式的發生地點。其中，又以喪禮最為重要。

爪哇社群的團結或分裂，在死亡儀式的組織中看得最清楚。理想上，儀式要由死者家的鄰居，而不只是死者家戶本身，一同準備。鄰近的家戶要清出一個空間布置成禮堂，而後方的廚房則要準備開伙做飯，準備食物招待前來弔唁的客人。女人煮飯，男人前往墓地挖坑。在過去（至少直到八〇年代為止），會有*modin*（村中的伊斯蘭行政官）來進行淨化遺體與準備儀式。知名的人類學家紀爾茲在一九五〇年代就寫過一篇很有名的〈儀式與社會變遷〉（Ritual and Social Change），探討爪哇喪禮如何反映出印尼社會變遷與文化之間的難以整合。

在該文中，紀爾茲描述當時印尼國族政治意識形態將社會分裂成三塊，且與三種宗教傾向互相加乘，導致鄰里社群的「結構功能」無法與過往的「象徵意義」整合，而這樣的衝突直接反映在一場差點辦不成的喪禮之中。村裡的伊斯蘭行政官不願意幫政黨傾向不同之村民家中病死的小男孩進行遺體淨化，但村民自己又不懂怎麼辦理祝禱儀式，於是屍體開始發臭，親屬崩潰大哭。對穆斯林來說，人死後一定要盡快埋葬，拖延是讓人最難為情的。最後，這場在社會行動上的文化報復，透過宗教與政治的協商才得以暫時消解。

六十年過去了，爪哇社會與當初紀爾茲描繪的已大不相同。由於官方多元宗教教育與國民義務教育之普及、七〇年代末以來全球的伊斯蘭復興網絡、以及八〇年代以來各種印尼穆斯林社會運動等等，今天幾乎每個爪哇城市的鄰里都有多位具備相當知識的男女伊斯蘭導師，可以為同樣性別的遺體進行淨化並帶領遺族祝禱。若死者是基督徒，教會則會派人前來處理，但除了喪禮內容改為「做禮拜」，偏好土葬以及由鄰人安葬這點，與穆斯林並無二致。換言之，爪哇社會沒有所謂的「生命禮儀公司」。每個人都是潛在的禮儀師，每個人的家都是潛在的奠堂。死亡不能外包，甚至沒有商業化。

死亡是生物事件，是社會事件，更是文化事件

常言道「人生自古誰無死」，死亡似乎是最自然、最普同的一回事，放諸四海皆準。然而，死亡果真是同一回事嗎？事實上，人類學者在很久以前就發現，不同的時代、不同的文化脈絡中，「死亡」是一件徹頭徹尾的社會文化過程，而不僅僅是一個智人亞種有機個體之活動的永恆停止。

屍體可以擺在哪、擺多久，要燒掉還是埋掉，位置要在傳統家屋底下或在電梯骨塔樓中，在亂葬岡或軍人公墓，在爪哇墓園或華人墓園，這些都是社會文化問題。人們該哭多少、笑多少，該說什麼、不該說什麼，該穿什麼、不該穿什麼，紀念儀式該做到哪一天，紀念的方式是什麼，這些都是文化行為，體現著圍繞著死亡的文化印刻。如同梅特卡夫（Peter Metcalf）與杭廷頓（Richard Huntington）在《死亡的慶典：死亡儀式

的人類學研究》（*Celebrations of Death: The Anthropology of Mortuary Ritual*）一書所言，文化多元性正是死亡之普同影響的精準度量。死亡是生物事件也是社會事件，更是一個文化儀式的起點。透過儀式，死者將成為祖先，記憶，與永恆的遺產。

從二〇〇九年到二〇一〇年足足十二個月，以及二〇一二年乾季期間，我在爪哇做田野，期間參加過許多次的喪禮。大部分是穆斯林的，有一次是基督徒的。死者若在夜間「歸真」（*wafat*）——在印尼通常只有德高望重者才配得「歸真」一詞，否則一般只用「離世」或「回阿拉的家」（是的，印尼跟中東一樣，基督徒與穆斯林都稱呼神為阿拉，且該稱呼尚未如同在馬來西亞般被問題化）——清洗儀式照樣舉行，但鄰居男人們得要守夜，翌晨才埋葬。死者若在白天過世，下午將屍體擦拭乾淨、洗完澡，在「把蒂」（batik）手染布與新鮮花瓣圍繞下，被眾人祝頌過後，最好於日落前落土。

晚間的「伊莎禱告」（*Isya*）後，就會開始為死者特別吟誦經文的「塔赫禮儀式」（*tahlilan*）。過去印尼有一些改革派穆斯林相當反對塔赫禮，認為其違反個人要對神負責，不透過他人幫忙祝禱獲功的基本原則，但由於各種原因，傳統派與改革派已經在近十幾年來逐漸融合。在儀式上，塔赫禮重拾正當性的方法則是將該儀式「文化化」，將幾百年來互相滲透的「宗教」與「文化」切割開來。只要不聲稱該儀式是伊斯蘭教導的，只是爪哇文化上有益社群的活動，傳統派與改革派就皆大歡喜。

類似這樣民俗伊斯蘭的「文化化」，常常被誤認為是印尼「特有的」伊斯蘭文化，但其實，從波斯（伊朗）、埃及、到波士尼亞，都有這樣的死後誦經儀式，按照著伊斯蘭幾百年來在各地本土化的模式進行。這種「俗民伊斯蘭」的論述是晚近才有的發展，尤其是在十八世紀以降，阿拉伯式的伊斯蘭改革浪潮試圖將宗教理性化，並形成一種「正統」與「俗民」的對立想像，造成兩百多年來許多「俗民伊斯蘭」慣習被敵視為不當迷信的窘境，而這些慣習包括邪眼、對聖人墓地祈禱、蘇菲旋轉舞等等。事實上，同樣的塔赫禮，有些地方會認為是百分之百伊斯蘭的儀式，但在爪哇卻會被認為是「文化」的，而非「伊斯蘭」的。處理死亡的喪禮因為事關重大，也反映這些「宗教」邊界的政治。因此，死亡的界線與死亡的後續，也不斷在更大的政治社會脈絡中被重新界定。

我印象最深刻的一次爪哇喪禮，主要因為死者身分特殊，以及鄰居的反應讓我難忘。根據鄰居信心滿滿地表示，死者是個不成材、失敗的皮影戲師傅。「瓦樣（wayang）皮影戲是何其神聖的職業！」不光是要熟稔高爪哇語（Kromo）、低爪哇語（Ngoko）、古爪哇語（Jawa Kuno），還必須修煉、禁食禱告，求得真主的允許後，才可以操作。「沒想到這傻子，資質不足卻硬是要忤逆天性，連父母親都一起放入修煉的誓願中。結果皮影戲師傅沒做成，父母先被剋死了；他自己一輩子未婚無子女，無牽無掛，死的恰如其分。活著可憐，還不如死去安詳。」

這一段話，把爪哇人喜愛皮影戲、俗民文化中體現的宗教神聖性，以及視婚姻與養育子女為人生必經目標等文化觀念，說得透徹。當然，這段話也殘忍地流露出他們對「*kodrat*」（本質）或「*takdir*」（注定）的觀念，以及他們對神阿拉之主權的深信不疑。但即便有這些觀念，他們的心是仁慈不忍的。他們為這位無依無靠的鄰居辦了喪禮，沒有因為他無權無勢無親無友，就當作沒有這回事。他們把這位孤零零的爪哇魯蛇當成是自己社群的一分子。

喪禮中，我跟著他們一起吟詠*Al-Fatihah*（我在不具備閱讀阿拉伯文能力的情況下，已經耳濡目染學會跟著吟誦某些常用祝頌禱文的能力）。夜晚，家徒四壁的陰暗小屋裡，二十多人依男女分開，眾人盤腿而坐，閉目搖晃歌唱。

他們祝禱：「你們不要恐懼，不要憂愁，你們應當為你們被預許的樂園而高興。在今世和後世，我們（天使）都是你們（人類）的保護者，你們在樂園將享受你們所愛好的一切，你們在樂園將享受你們所要求的一切。那是至仁至慈的主所賜的宴饗。」（《古蘭經》第四十一章：三十到三十二節）人皆怕死，但真正的信徒應該要領受真主恩慈，心不受死亡宰制。

喪禮結束，死亡卻遠遠尚未結束。在爪哇，一般的穆斯林紀念儀式會在頭七、頭四十、頭一百天時進行。事實上，就連爪哇基督徒也會這樣做，差別只在於基督徒把內容改成家庭禮拜。頭七不是只有漢人才有的習俗，很多穆斯林社群都有。就連波士尼亞的穆斯林社群，也都有頭七與頭四十的死亡紀念。

死亡的意象深具文化意涵。穆斯林的遺體是用白布層層包裹，而綁在裹屍布的頭頂、頸部與腳踝部分的繩子，可以在死後四十天後解開。一種俗民解釋是說，靈魂若卡在有力的裹屍布裡，就會變成「撥丘翁」(*pocong*，包頭殭屍)。包頭殭屍被綁著不能走路，只能跳啊跳地跳到生人附近祈求幫助，但生人還來不及幫他解開繩子，就會被嚇得倉皇而逃，因為包頭殭屍是整個「努散達拉」(nusantara)列島到馬來西亞，甚至到泰國南部境內，小朋友最怕的東西。包頭殭屍也是印尼鬼片最常出現的「鬼」原型。

死亡，社群與自我的重新認定

死亡不只是送走死者，也是對於活人社群的重新認定，以及對生命延續的想像。誰來喪禮、誰不來喪禮，誰聲淚俱下、誰竊笑在心，誰大喊USA、誰濫用宗教之名。厝邊隔壁誰「過身」、新聞上誰「往生」，誰「枉死」、誰「仙逝」，誰德高望重「與世長辭」、誰「含笑九泉」或「壽終正寢」，誰「一命嗚呼」或「撒手人寰」，而誰「蒙主恩召」或「清淨圓寂」。一切充滿著階級、宗教、認同、政治階層、道德批判與其他關係的界定。畢竟，周杰倫也得去台灣黑幫教父竹聯幫大老陳啟禮的世紀葬禮，柴契爾夫人過世英國工會忍不住笑得如此開心，愛爾蘭裔美國人也試圖維持「Irish Wake」歡樂的喪禮，而紐奧良的爵士喪禮更是綻放自信、紀念死者的在地嘉年華。

人類學告訴我們，死亡的意義絕不僅止於「生物性死亡」。即使是最徹底的物質論、無神論者，在喪禮致詞上，都不免要加上委婉的言辭，用其他的方式表達與建構死亡發生後仍然存在的社會連帶。自然科學家近來也越來越發現人體死亡難以定義，逼使他們不得不在植物人、腦死，或起死回生的傳奇中，以及現代醫院要用機械時間來確認死亡時間的實踐中，重新尋找「死亡」。所有的生物性死亡，必然也是一種社會性死亡與文化性的死亡。

只是，這並不表示死亡的意義是全然被文化決定的。

死者與生者之間的特殊連帶、不確定性，以及死者的能動性，不管是透過託夢或回憶而造成的影響，都不是死亡儀式可以預先設定的。它們是在真實生活中演繹而轉化的。死亡是使得生命有其意義的終極指標，因為時間有限，意義才得以被建構。然而在每一秒鐘，人的意義如何被編織，在過於單一整合的文化圖像與社會結構的反映之外，還有許多難以捉摸的死亡連結。可能是年事已高但畢竟難分難捨的親人離世，也或許是出乎意料而令人肝腸寸斷的青春逝去。

死亡既是文化的，也是個人的；是身體的，也是精神的。因為問及「人是怎麼死的」，也近乎在問「人是怎麼活的」。畢竟，我們還是時常想起那些我們深愛的人們，在斷氣、火化或入土的那一刻，我們全部生命的脆弱如全宇宙的重量般壓碎了我們的靈魂。我們必須在那承受了斷裂的存在意識中，療癒我們空蕩的靈魂。

關於死亡，文化儘管提供了系統性的回答，每個人心中卻必然有自己的聲音。

芭樂人類學

PART 3
芭樂歌

• • • •

芭樂歌乍看缺乏深度，歌詞老梗，然而曲風琅琅上口，
一個不小心就「繞樑三日」，揮之不去 。其實身邊熟悉的這些旋律，
基底是庶民文化隱而未顯、有聲有色的一面。
音樂與舞蹈是社會文化的回音，從多樣性的音聲地景——
胎教音樂、饒舌歌、卡拉OK的愛拚才會贏、亦或南非的科拉琴——
人類學家可以聽到隱藏的音符，觀微知著。而身體更是誠實，
文化在我們習而不察的狀態下雕塑了我們的肢體慣習；
人類學強調親身體驗的研究方式，透過實作，開啟感知與思考。
人類學的研究超乎個體、連結到更大的整體，從情感到結構，
從文化遭逢到權力關係，從家庭到全球，
本單元示範芭樂歌可以如何換個方式「聽」。

• • • •

呂心純

中央研究院
民族學研究所
副研究員

長久以來關懷音樂所形成的游移文化，範圍涵蓋了經由人口流動而產生的音樂離散現象、市場擴張所帶來的音樂流播，還有在時間流變下音樂文化意義的（再）生產，在這廣義取徑下所開展的研究興趣多元。

為什麼胎教要聽莫札特？

為什麼台灣的孕婦們流行聽莫札特？這樣的「胎教」（prenatal education）真的有效嗎？其實，胎教和文化背景息息相關，爸媽們對於胎教音樂的偏好與選擇，正可反映其文化價值及對胎教音樂效果的期待，更與社會普遍認知、個人聆聽慣習，甚至育嬰產業與社會權力結構都有密切的關聯。

◦「懷胎教育」到「胎兒教育」

「胎教」的概念自古以來就存在於漢人社會。西漢劉向的《列女傳》中就提到婦女懷孕時必須謹守的各種行為與道德規範，像是「席不正不坐」、「目不視於邪色，耳不聽於淫聲」等，人們相信這樣才能孕育出長相端正、德才兼備的後代。如今，這樣的舊觀念已被淘汰，但卻有一系列「具有科學依據」的胎教觀點取而代之，尤其是音樂胎教讓準爸媽們趨之若鶩，彷彿多聽點莫札特，小孩成為神童的機率就會大大提高。在台灣，長期被社會普遍接納並視為「高級」文化的西方古典音樂，恰恰成為胎教市場用來連結科學數據、強化效能的工具，並同時投準爸媽們所好，投射出他們對胎教的虔誠信仰。

說起來，胎教不也像門宗教？許多準爸媽於孕期的十個月裡，遵循著一套胎教「教義」，在相信胎兒有能力感受到外在刺激的前提下，選定某種程度上具有「神聖性」（sacredness）的場合與時段，進行音樂胎教、言語胎教或觸摸胎教等「儀式活動」，在其中操作樂音、敘說及身體等象徵符碼，並認為胎兒的積極胎動是一種回應，期望能夠藉此刺激腹中胎兒的腦部神經，使其智力在零歲以前就得到正向發展。

不難體會，準爸媽們對孩子有著「絕對不能輸在起跑點上」的焦急心情，上述詮釋的意旨也不在批評胎教是一種迷思或偽科學。畢竟，胎教這個概念不是空穴來風，它不僅如前所言早存在於古代漢人社會，之後也傳入受儒家思想影響甚鉅的朝鮮半島，發展出一套普遍的胎教文化；布農族文化中也有類似觀念，對於孕婦的言語與儀態上亦有所規範，同時存在著有關啟發胎兒的民間傳說。儘管這些胎教傳統多偏重於約束孕婦道德和行為的「懷胎教育」，與當代胎教主要倡導胎兒腦力正向發展所談及的「胎兒教育」，有著不同的文化脈絡和思考邏輯，但這些跡象都顯示著胎教觀念是既存已久、且相當普遍的概念。

「莫札特效應」？

讓我們將焦點移到胎教音樂上。廣義來說，胎教音樂不僅是利用音樂的形式，從外部對胎兒施加刺激力量，預期能激發胎兒的智力和腦力，還包括對於母體進行身心調養的母教式音樂胎教。針對這兩個目的，許多胎教音樂設計上會特別強調孕婦聽了能心情放鬆、心跳規律安穩，且讓血流速度與收縮功能正常，還能直接幫助胎兒開發腦部潛能、發展健全人格、穩定性情，媽媽產後聆聽甚至能增加哺乳量，讓寶寶健康成長。類似這樣的論述，常見於育嬰保健商品的廣告標語與婦幼醫療網站。姑且不論其內容過於浮誇，就算有部分的效用真的受到科學支持，又加上醫療人員、心理學或音樂學者等專家掛保證，但這種被「科學實證」與「專家權威」雙邊加持的知識建構，難道就沒有問題了嗎？再說，儘管科學上已證實，寶寶在母體內約四個月大時有聽覺反應，可以聽到母體外的聲音，不過，是否能證明聽到特定音樂會帶來某種胎教「效能」（efficacy）？若是，可以聽什麼？又該怎麼聽？

舉個大家較為熟悉的例子，上個世紀九〇年代中期之後開始有人推廣孕婦與孩童都該聽莫札特。這番「莫札特效應」（Mozart effect），馬上在許多國家的學術界、胎教音樂產業及婦產醫療論述中掀起陣陣迴響。究其源頭，是一九九三年加州大學三位學者在科學龍頭期刊《自然》上所發表的一篇研究報告，指出聆聽莫札特音樂有助提升人們「空間推理能力」（spatial reasoning），而這個研究報告之後被稱為「莫札特效應」。有趣的是，此風一吹進台灣，就被「信徒們」奉為教條，誠心信奉並遵行。「皈依者」除了有望子成龍、望女成鳳的準爸媽們，還包括了育嬰產業人士；更有許多夢想創造經濟奇蹟的畜牧業者與花農，強調莫札特音樂可以激發生長激素，近年來積極地將莫札特音樂應用在乳牛與花卉的養殖上。

然而，西方學界後續有關「莫札特效應」的爭議，在台灣卻較少被提及，例如之後發現受試者的智力提升僅為暫時性，並沒有持久的效果。而像筆者一樣的音樂學者則會關注實驗對象（原實驗的受試者為美國大學生）的個別差異，強調應該要檢視他們的個別音樂背景，包括個人聆聽音樂的慣習、過去參與音樂的經驗，以及其性別、年齡與當下聆聽音樂的情緒等，因為這些因素實際上都是影響實驗的變因。比如說，有沒有可能習慣聆聽西方古典音樂的人，聽到莫札特音樂之後能夠較為專注，因此進行空間推理能力測驗時，相較之下，其結果會比那些不習慣聆聽古典音樂的人來得好？再者，以大學生做為實驗對象所得到的研究成果，真的能套用在胎兒身上嗎？

為什麼一定要「莫札特」？

在台灣，莫札特音樂通常是準爸媽們胎教音樂的首選。事實上，坊間多數胎教音樂商品，整體就是一個以「調性音樂」（tonal music）與西方和聲為基礎的交響樂或純鋼琴曲的世界。簡單來說，是一套以西方古典音樂做為主流聲響的音樂產業。若進一步檢視這些胎教專輯的樂曲清單，不難發現這些專輯多半是收錄既有的音樂作品或其改編版，有時則混搭了不同的流行樂曲風格。但無論如何，胎教音樂著重的特點就是必須富含輕柔、恬美、明朗的音樂色彩，且節奏須和母體的心跳旋律接近，因為消費者普遍相信，這樣的音樂特質才能同時達到安撫孕婦與胎兒的目的。

這些胎教音樂商品又可分為兩類：一類是知名歐洲古典樂曲，這是音樂專輯的首選，比如「蕭邦降E大調夜曲」與「莫札特鋼琴協奏曲第二十一號C大調第二樂章」；另一類則是強調能舒壓的輕音樂，或所謂的心靈療癒音樂。有趣的是，後者音樂類型中，無論是在大自然樂音療癒的概念下所製作的胎教唱片（流水聲、海豚音），或者是收錄多國童謠與民謠的胎教專輯，亦或是以「無壓療癒系」為賣點的水晶音樂胎教法（主要使用MIDI中被稱作「水晶」〔crystal〕的音色為概念製作），這些音樂的編曲手法，無疑都是第一類的翻版，不是純鋼琴曲，就是西方交響樂化後的管弦輕音樂。

暫且不質疑胎教音樂與優美聲響、舒緩節奏之間的絕對關連性，先試問，胎教音樂為什麼要全盤西方交響樂化、或純鋼琴音樂化？換句話說，孩子在零歲之前及嬰幼兒階段，其聆聽慣習為何要被西化，並受制於西方龐大政經結構下所養成的繁複調性音樂系統呢？同樣具備柔美與舒緩特質的歌曲或其他樂種，比如深得人心的華語流行歌曲（江蕙的「家後」、周杰倫的「青花瓷」等）、原住民歌手對大自然的詠嘆、宗教的禮讚，或是筆者個人覺得柔美的北印度竹笛音樂（*Hindustani bansuri*，特別是緩板 *alaap* 段落）、印度教奉獻曲 *bhajan*，或是緬甸豎琴 *saung-gauk* 的演奏等，為何不被當代台灣這些具多元音樂經驗的「音樂胎教信徒們」所信納？或許，這樣的偏執必須從台灣人對於西方音樂的認知脈絡來了解。許多台灣的準爸媽們對於這種西方音樂化的胎教音樂寄予厚望，不但將它視作「如同神聖般的媒介」，期盼能達到令人舒緩的療癒效能，也同時潛藏著一種希望胎兒在母體中就能開始接受具高度修養的西方音樂文化熏陶的意圖，藉此啟發胎兒的文化素養。

聆聽古典音樂風格的胎教音樂，不僅幫助父母親將嬰幼兒與歐洲上流階級、與「好」的文化品味作連結之外，其實也反映了他們對聆聽純西方古典音樂慣習的認知與投射。在此，「聆聽慣習」（habitus of listening）突顯了聆聽者（一）對音樂的感知經驗與感受力；（二）對情緒喚起的預期；及（三）對所在環境互動行為這三者之間的相互關聯性。

舉例來說，對台灣聽眾而言，聆聽流行音樂或爵士樂的慣習裡，身體時常會不自覺地隨著節奏舞動，或是跟著哼唱，甚至情緒也會跟著歌詞內容上下起伏。然而，聆聽純西方古典音樂的慣習卻不同，它意謂著一種在音樂廳內身體不作回應的靜止，強調心思專注且屬於個人內在感知與情緒投射的經驗。這剛好符合胎教音樂的理想聆聽慣習——當沉浸在優美恬靜的古典音樂時，媽咪們不需對音樂作任何回應，而是好好把身體放鬆，在似宗教儀式的時空中，期待一種幸福感、祥和感之類的情緒觸發。他們同時也相信，唯有在這樣專注、神聖的情境下，才能達致胎兒腦力開發的效力。

但音樂效能會因人、因文化而異，也與個人的音樂文化慣習、聆聽感受力有相當密切的關係。如此一來，聆聽西方古典音樂是不是真能讓孕婦放鬆心情？其實，倘若媽咪沒有如此聆聽音樂的慣習，或者有些胎教音樂並不是她們的喜好，這時只會適得其反。有些孕婦也悄聲承認，對她們而言古典音樂只會產生催眠效應，不僅是胎兒的娘，連陪伴聆賞的爹也會陷入催眠儀式中，以為確實達到了心情放鬆的目的，但卻可能養成了嗜睡的習慣，反而減低母體應有的運動量。對有些人來說，則是在胎教的神聖儀式中，因為專注聆聽自己不熟悉的音樂，反而在聽覺感知上產生不安與焦慮。在此建議，孩子的爹娘，就放自己平時喜歡聆聽，並會讓自己放鬆與舒適的音樂吧！不須過度依循坊間的胎教音樂教義，也不要陷入西方古典音樂效能的思想桎梏，只要孕婦保持心情愉悅，寶寶自然就會健康成長。至於胎兒腦力的培育與增長，等他們出生之後再來計畫也不遲。

劉正元

高雄師範大學
台灣歷史文化及語言
研究所副教授

清華大學外國語文學系及社會人類學研究所畢業，澳洲國立大學人類學博士，《高雄文獻》主編。博士論文是關於日治時期高雄橋仔頭糖廠的歷史人類學分析，目前專注在南部地區的族群關係及飲食文化議題的研究。

「時間都停了，他們都回來了」：高雄市移動卡拉ＯＫ

剛從國外回來時，我賃居在城市新興的大樓裡，鐵道的一端是櫛次鱗比的新穎大樓；鐵道的另外一端則是老社區。老社區內錯落著幾間歷史悠久的廟宇、老人安養中心及野草遍布的空地，靠近鐵道的馬路邊有兩、三座不甚起眼的小公園。出入公園的成員除了媽媽、小朋友，多半是被看護推著輪椅的老人。其中一個公園每到黃昏，特別是假日，會有一部廂型車停在公園一側。司機把車停妥後，打開後車門，以熟練的動作拿出車裡的紅藍兩色塑膠椅，擺在公園一角（通常是樹蔭底下）給唱歌、聽歌的人坐。接著打開廂型車側門，車內的設施一應俱全：一台約四十吋大小的電視螢幕、紅黑兩色交纏的卡拉ＯＫ線路，以及兩、三支有線麥克風。廂型車後方偶爾還會停著一部賣水果的小貨車，某種程度形成黃昏市集的感覺。

儀式化的行為

南台灣夏天很熱，午後有時候還會遇到不經意造訪的陣雨，遇到這些情況，老闆就會用帆布搭起帳棚。來唱歌的客人多半是附近的老人，男的通常比女的多，年輕人很少（他們大多會到市中心的卡拉ＯＫ店）。每天傍晚車停好後，就陸陸續續有一些客人聚集，大家在樹蔭或帆布棚下點歌或唱歌，每首十元。客人可以翻翻點歌簿，找出歌曲號碼後，寫在紙上交給老闆；或是直接告訴老闆他想唱的歌。歌曲出現後，老闆再將麥克風交給想要高歌的人：

我在你左右

把我們的悲哀送走／送到大街頭
讓陽光溫暖淒涼的心頭／藍天高高好氣候／山又明水又秀
把悲哀送走／把一切丟在腦後／我在你左右

把我們的悲哀送走／送到小巷口
讓微風吹散胸中的煩憂／粉白牆裡花開透／草如茵景如繡
把悲哀送走／把一切丟在腦後／我在你左右

把我們的悲哀送走／送到小河流
讓流水沖去多年的離愁／有情人來到橋頭／流水清魚雙游
把悲哀送走／把一切丟在腦後／我在你左右

這是點播率最高的一首歌。這首歌在一九六五年發行，是一位韓國人樸椿石譜曲，慎芝作的詞。類似這樣的老歌——無論是華語的，還是台語的（甚至還有日語的），普遍出現在這個場域內。在一個月的觀察時間內，我及助理統計了十首點播率最高的歌曲，包含六首台語歌、四首華語歌，依次是：「我在你左右」、「浪子的心情」、「心愛的甭哭」、「愛的苦酒」、「一縷相思情」、「用真心愛一個人」、「乎我醉」、「美麗的錯誤」、「誓言」、「回鄉的我」。當麥克風的開關開啟，這些歌曲一首又一首地被傳唱著，伴著吹來的風，公園裡桃花心木的葉子緩慢地飄落下來。偶爾，縱貫線火車經過時，歌聲混雜著行進中火車的聲音，發出卡滋卡滋的聲音。

從二〇〇八年四月起，我在高雄市鼓山區翠華路、左營區環潭路及洲仔路，陸續發現A車、B車、C車及D車，四輛移動式卡拉OK車，並對其做了近一年的觀察記錄。這四輛廂型車（或發財車），載運著卡拉OK器具，提供蓮池潭周遭地區消費者歌唱的空間。依照紀錄，參與者的性別以男性居多（占百分之六十二）；點選的歌曲以台語歌居多、華語歌居次，日語歌也有，但僅占百分之一；平均停留時間不超過九十分鐘，消費金額多在一百元以內；演唱的方式以獨唱為主，但對唱的比例也超過三分之一。

不只客人透過歌唱抒發內心的情感，經營者、旁觀者也參與了場域內的互動。比如有一個頭髮花白的老伯，唱的是「阿母的恩情」，神情十分投入，尤其唱到「付出～

忍耐～」時，雙手激動地抖動著，眼角泛著淚光。這首歌他特別有感觸，因為這首歌讓他想起了自己的母親。有時候老闆會下去跟客人對唱，特別是在客人很少的時候；有一些住在附近安養中心、被看護推出來散步的病人，他們會靜靜坐在一旁聽歌，一曲唱罷，老人們總會抬起瘦弱的、蒼白的手，努力地拍著。來到移動式卡拉OK，不一定要花錢唱歌，單純的聽歌也可以。有時同儕之間也會互相鼓勵，「**我年歲較有，有時陣唱袂上去，某某人就會甲我到唱。**」其中一位受訪者提到。

依據原本的想像：經營這些移動卡拉OK車的業者應多半屬於社會中下階層，但實際的狀況並非完全如此。C車的經營者是高雄一所國中的退休老師，他的藍色卡拉OK小貨車上還印著「卜卦算命，替你解決人生疑難雜症」的廣告。他告訴我他經營卡拉OK車的原因是：「打發時間兼交朋友」(他的話語不禁讓我聯想到自己二十年後人生可能的選項)。他提到下午時段來的多半是年紀比較大的朋友，「有沒有遇過一些比較特別的客人？」我好奇地詢問。「有位中年的婦女常常來唱歌，」他回答：「而且很健談，所以我們很快就變成好朋友。」

某天下午，這位女士來唱歌時，臉色看起來很沉重。當天她唱的歌不多，離開前她跟這位退休老師開口借錢：「借我週轉一下，我很快就會還你。」

「一萬塊，交個朋友。」老師心裡這樣想。

從此之後，他再也沒有見過這位女士。

除了唱歌之外，移動卡拉ＯＫ內實際的人際互動比我們原先想像的複雜。有次我（在另外一處公園）觀察到某位打扮入時的中年婦女，她穿著一件紅藍花朵相間的花布洋裝，臉上濃妝豔抹，顴骨上塗著厚厚的腮紅，嘴裡叼著一根煙，正在跟旁邊等待唱歌的男性客人聊天。但是從頭到尾，她沒有點任何一首歌。後來我看到報紙提到附近有所謂「菜籃族」（兼差情色工作者）的報導，才恍然大悟這是怎麼一回事。

移動的空間

移動式卡拉ＯＫ利用車輛載著卡拉ＯＫ器具移動，到達一個地方之後，停留下來開始營業，並陸陸續續聚集了想唱歌的人；但是這些卡拉ＯＫ車的經營者並不會長久停留在此，還是會因為某些原因不斷地移動。以Ａ車為例，從二〇〇八年四月我們開始觀察移動式卡拉ＯＫ，Ａ車已換過數個經營地點。

遷移的原因主要有下列幾點：地主收回土地、環境改變（興建大樓）、居民反對，或警察嚴格取締等；另外，有時也會因為政府舉辦活動，經營者配合政府的措施，自行找尋合適的地點，暫時遷移，例如：每年例行的左營萬年季、二〇〇九年世界大學

移動卡拉OK車（A車）移動路線

時間	地點	周圍環境	移動原因
二〇〇八．四—二〇〇八．九	【鼓山區】翠華路與逢甲路路口附近	公園旁，私人土地的大樹下	地主收回土地
二〇〇八．九	【鼓山區】翠華路與逢甲路路口附近	公園旁的停車格	居民抗議
二〇〇八．九—二〇〇八．十一	【鼓山區】翠華路上，在葆禎路與逢甲路中間	公園旁的人行道上	警察勸導取締
二〇〇八．十一—二〇〇八．十二	【鼓山區】馬卡道路與明誠路路口附近	馬卡道路的停車格	客源不穩定、空間較小無大樹遮蔽
二〇〇九．一—二〇〇九．二	【楠梓區】加昌路	公園內廣場內（不定時）	客源不穩定
	【左營區】海富路與實踐路路口	體育場旁大樹下（不定時）	客源穩定，不再遷移
二〇〇九．二迄今	【左營區】海富路與實踐路路口	體育場旁大樹下	

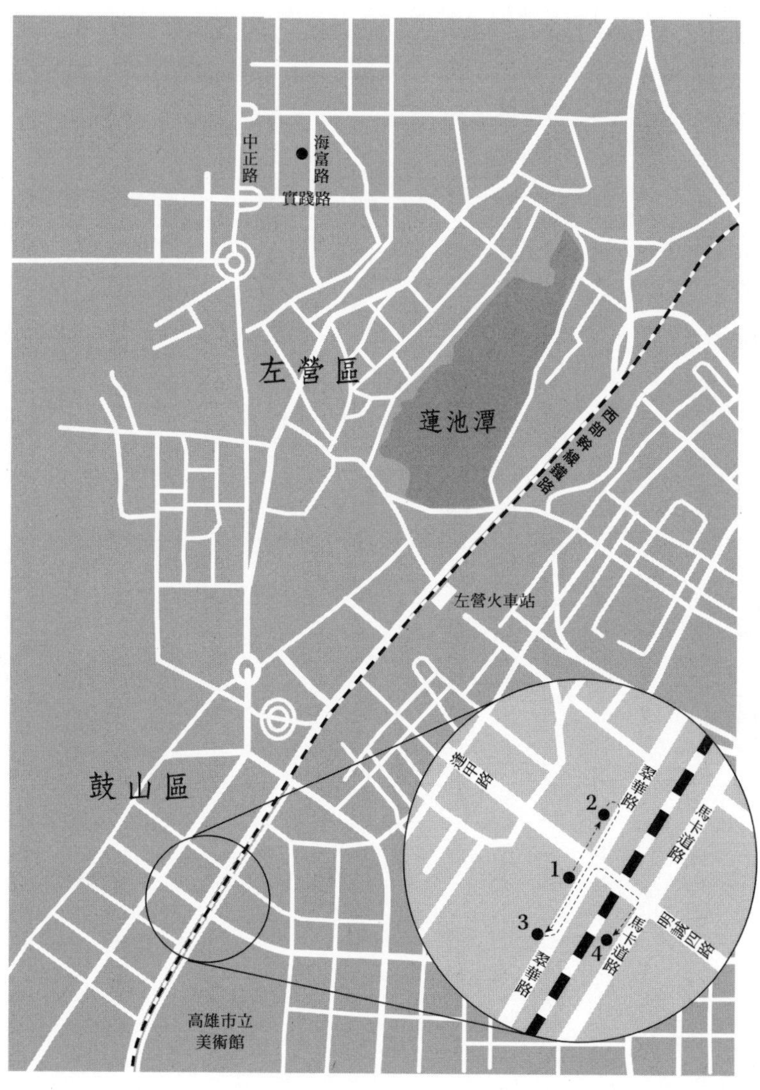
中正路
海富路
實踐路
左營區
蓮池潭
西部幹線鐵路
左營火車站
鼓山區
高雄市立美術館
逢甲路
翠華路
馬卡道路
明誠四路
1
2
3
4

運動會等。公權力的介入及附近居民的抗議是他們移動的主要原因。有些居民會嫌他們太吵，妨礙安寧，而跟環保局或警察局提出檢舉，所以這些移動卡拉ＯＫ車不定時會遭到警察驅趕。但是因為卡拉ＯＫ車營業時間很有彈性，且可以隨時移動營業空間，所以往往也只是偶爾消失一陣子，沒多久之後又再出現。

移動的意義

這是一個被權力化的空間。鐵道的東側是目前高雄市房價最昂貴的地段之一，主要包含：內惟美術館重劃區（四十四期）、凹子底的農十六區段徵收區，這些新社區持續吸引人潮入住；相對地，鐵道的西側則是高雄市最早發展的地區之一，但經濟上的不對等發展，導致鐵道兩側官方公告地價相差兩到三倍，人口結構也大為不同。以二〇〇九年的人口資料為例：鼓山區鐵道以東的瑞豐地區（六個里），與鐵道以西的內惟地區（十四個里），六十五歲以上老年人口比例分別為百分之七點七及百分之十六點六，相差一倍以上；往北一點的左營區也是如此：鐵道以東的六個行政里，老年人口比例皆不超過百分之十；鐵道以西的老年人口則皆超過百分之十，最高還達到百分之六十九（埤北里）。整體而言，鐵道以西屬於都市發展的邊緣地帶。

移動式卡拉ＯＫ經營者就是在這些都會邊緣空間（鐵道以西）營業。在老舊的社區中，藉由小貨車的空間移動，以非常彈性且在地的消費方式，提供一個又一個可以高唱一曲的空間。這個空間的功能不只是歌唱，在文化意義上，移動卡拉ＯＫ一方面提供這些孤獨的低收入者或退休老人表達內心情感，甚至被壓抑情慾的空間；另一方面，也讓天天來此報到的阿伯阿桑，透過歌曲一起回憶，彼此交流，開啟各種人際關係與可能的連結——這種連結可以是友誼、信任（及不信任），也可以是曖昧情愫。整體而言，移動式卡拉ＯＫ不僅提供參與者歌唱的機會，同時也因為彼此都有某種抒發情感的需要，歌唱成為每日的儀式性行為，人們藉此脫離城市生活所帶來的疏離感，發掘某種文化上與時間上的親密感，進而建構一套屬於這群人的集體記憶認同。（如同點播第一名的歌曲曲名：我在你左右。）

最後，以五月天的歌曲〈T1213121〉替這群生活在城市邊緣的人及移動卡拉ＯＫ作結尾：「時間都停了，他們都回來了，懷念的人啊！等你的來到。」

對他們而言，往事並不如煙。

曼德拉的身影，非洲音樂地景的啟應

林子晴
台北大學通識教育中心助理教授
美國明尼蘇達大學音樂學博士，矢志轉變所學的世界音樂理論，並與台灣土地上的動人樂章對話。

胡正恆
中國文化大學森林暨自然保育學系助理教授
美國明尼蘇達大學保育生物學博士，長期從事蘭嶼生態的文化觀察，被當地夥伴稱為Si Vahao，意思是像螞蟻一樣爬山的人。

我們的祖先為了保衛家鄉而進行的戰役，包括Dingane和Bambata，Hintsa和Makana，Squngthi和Dalasile，以及Moshoeshoe和Sekhukhuni。這些人名都代表了整個非洲民族的榮耀。於是我希望在我的生命中能有機會服務我的人民，並盡微薄之力協助他們爭取自由。本案對我的指控中所提到我的一切作為，都是基於此動機。

——「我已準備好赴死」，一九六四年四月二十日，曼德拉的法庭證詞

重新聽見曼德拉的話

二〇一三年十二月，南非人權鬥士：尼爾森・曼德拉（Nelson Mandela，一九一八—二〇一三）辭世，電視上快速播放著他九十五歲的一生，一幕幕和敵人和解的場景，彷彿在非洲音樂特有的「啟應」（call-and-response）模式下，閃現了歷史回憶，讓他不平凡的一生映照出大地的音樂脈絡。

曼德拉青年時期投身民族解放運動，一九六四年因反抗種族隔離運動入獄，監禁了二十六年，一九九〇年獲釋；出獄後，曼德拉與釋放他的白人總統戴克拉克（Frederik Willem de Klerk）在一九九三年共同接受諾貝爾和平獎肯定。一九九四年他成為南非第

一任黑人總統，就職廣場前一片「嗡嗚」（buzzing）的非洲樂聲響起。他曾談到他的運動策略：「談判時，如果你用對方了解的語言，對方會動腦；如果你能用對方的語言，那會打動他的心。」呼應他的話，讓我們以非洲音樂傳統另類詮釋曼德拉，那是一種流傳非洲大地獨特的科拉琴（*Kora*）演唱風格，也許能更幫助我們理解曼德拉奮戰一生的政治詩意。

曼德拉顛沛流離的一生飽受磨難。他原本生於南非部落的貴族之家，卻不屈不撓地從事民族解殖革命，最後甚至超越了原先的運動目標。他領導公民不服從（Defiance Campaign）的社會抗爭，四十六歲壯年入獄，出來時已成七十一歲的華顏白首。他在獄中札記《與自己對話》（*Conservation with Myself*）中，描述自己日常喜歡沉浸在音樂中，與孩子們聊天，跟他們講些小故事，他說：「當人再不能夠領受這些簡單的樂趣，那表示生命中極有價值的東西自日常生活中被剝奪了。」很難想像這正是他二十六年來在獄中的生活場景。而召喚他的人權理想則是：

> 一九六〇年，政府為了建立這個共和國而舉辦公民投票，占南非人口約七成的非洲人卻沒有投票權，甚至也沒人徵詢他們關於修憲計畫的意見。……身為人民的領導者，我們該做什麼？我們要屈服於武力的炫耀？屈服於任何對未來鎮壓行

動的暗示？或者我們應該反抗？又要如何反抗？

——一九六四年，普勒托利亞（Pretoria）利弗尼亞（Rivonia）大審開場辯護

非洲的道德溝通傳統

曼德拉一生的行動正可符應非洲歷史傳統中的抵抗典範，那是一種透過集體回憶而生成力量、並與敵人和解的運動藝術。曼德拉靠的是道德字詞的銘刻鍛鍊；而西非部落間靠的則是當地高度發展的儀式音樂——「科拉琴」，開展出撒哈拉沙漠以南、曼丁果（Mandeigo）語族內，史官吟唱歷史記憶的傳統曲式。

非洲音樂本身就是一種充滿象徵的溝通機制。歷史曲式不只再現過去，也能重新定義當下，甚至在道德啟示上萌發對未來的想像。和許多民族樂器一樣，科拉琴這項樂器的材質本身就帶有許多神話印記。科拉琴屬於豎琴類樂器，琴身取自剖半的非洲野葫蘆（*Cucurbita pepo*），再以重要牲口牛皮覆蓋製成共鳴箱，因此，當演奏者吟唱「魔法」，撥奏葫蘆琴身彷彿呼喚部落土地，觸動的木柄代表地上植物，共鳴箱上的皮膜則代表了動物，琴身上金屬片（*Nyenyemo*）的共鳴傳播了人們的溝通魔力，伴著歌曲的是政治的、也是詩意的字詞（*Kuma;* speech）。也就是說，當有人唱起特定的樂曲時，旁人

可以清楚地告訴你，他們（祖先）曾在哪裡、和誰在一起、面對了什麼事、分享著怎樣的共同風景。

在一九六四年大審中，曼德拉這樣描述著殖民時代的人權景觀：

> 大量的非洲人死於種族衝突。一九二〇年，著名的領袖Masabala被關在伊莉莎白港監獄時，二十四個非洲人集會要求釋放Masabala而被白人殺害。一九二一年，超過百名非洲人死於Bulhoek事件。一九二四年，西南非當局對反對實施狗口稅的團體採取武力鎮壓，使兩百名以上的非洲人遭到殺害。一九五〇年五月罷工期間，十八個非洲人遭警察射殺。一九六〇年三月二十一日，六十九名沒有武裝的非洲人死於Sharpeville。南非是非洲最富裕的國家，也可能是世界上最富裕的國家之一，但它卻是個充滿極端而顯著的矛盾的地方。白人享受著也許是世界上最高的生活品質，非洲人卻活在貧窮和悲慘中。非洲人中，有百分之四十的人住在無望的、過度擁擠的、飽受旱災所苦的保留區中，土壤侵蝕和過度地使用，使他們無法靠著土地有著適切的生活。

這段平靜的字詞下潛伏著人民巨大的憤怒，像極了一段描述馬利帝國（一二三〇—一六〇〇）創建者桑迪亞塔（Sundiata）的科拉史詩。歷史上的演奏者Balla Fasséké回憶庶出的王子桑迪亞塔幼年時因跛足和長相醜陋的母親，受盡嘲笑與欺負，直到有一天預言成真。在母親天天以淚洗面的請求下，桑迪亞塔奇蹟式的倚著鐵杖站起來，從此力大無比，並趕走外來者蘇蘇族的殘酷統治。這段科拉史詩節奏複雜，二拍子及三拍子往往連續或同時進行，產生並存的緊張感，聽者也因自己決定專注與哪一節奏互動而產生模糊的情緒。

科拉琴的樂曲包含四大類的段落結構，成了民族音樂教科書中著名的非洲KBDS曲式：*Kumbengo*（K，伴奏）是吟唱時的基底伴奏，其上承載著人聲*Donkilo*（D，基本聲樂旋律），以及高張聲樂*Sataro*（S，即興誦唱）；而在這一整套極度拉扯、情緒激昂的花式演

民族音樂學中科拉琴伴奏的非洲經典曲式

唱*Sataro*終了，人琴俱寂，最後再導入自由自在的*Birimintingo*（B，即興樂器間奏）。

其中，最讓人銘心的部分就是科拉琴的伴奏（*Kumbengo*）。它聽起來有點類似西方古典音樂中的「頑固低音」（*basso ostinato*，義大利文），藉由重複一些短小的伴奏主題，在綿長的時間裡達到醞釀情感的效果，而科拉琴演奏細微裝飾旋律的效果又更好，因為從技術面來說，科拉琴共有二十一條弦，分成十條及十一條兩組，樂師分別以兩手食指及大拇指交替撥弦，故能同時發出兩組旋律。土地工藝傳統轉達身體感覺，科拉琴的善奏者可清晰地演示旋律啟應間的情思，特別是拆解非洲音樂中特有多聲部的「連鎖交錯旋律」（interlocking）。

從科拉琴的民族誌研究可知，歌者是藉由史詩不斷地傳唱，感召著當地人群對於過去集體意識「啟應」，甚至對解開殖民過程中的艱辛挑戰做出行動呼喊，影響的地理範疇包括今日的甘比亞、塞內加爾、幾內亞、馬利，以及象牙海岸等國家。民族音樂學者奈特（Roderic Knight）指出近代的曼丁果人社會主要區分為「平民」（*Sula*）及「銘刻者」（*Nyamalo*）兩個階層。銘刻者在曼丁果人的文化中指「專於雕刻」者，包括金屬鐵匠、木雕或皮雕師傅，以及音樂家。過去科拉琴演奏者皆來自於音樂史官家族，當地人稱為*Jali*，這個詞在曼丁果語言中也有「血緣者」之意。*Jali*家系通常彼此通婚，男性演奏樂器，女性擔綱聲樂，女歌者得以針砭公眾人物之道德，並在即興歌詞中將時事擺置在諺語的隱喻脈絡裡，讓世代相傳的KBDS曲式輝映出新意。以在地音樂的政治詩意來說，*Jali*所雕刻的「材料」不只是樂器，而是唱頌的記憶。音樂史官*Jali*因通曉特殊的歷史知識，被認為能接觸到抽象的集體生命力量，因具有「溝通」魔力而能雕琢字詞，乃至銘刻地景。

當代科拉琴的道德敘事

當代科拉琴演奏者還有一首「*Ala L'a Ke*」(God has done it，神已經成就了)，很能呼應非洲文化以及曼德拉的道德敘事。「神已經成就了」此一經典科拉曲詠歎的是英國殖民初期，部落酋長Fuladu去世，兩兄弟從相爭王位到和解的典範情節：身為王子的弟弟Kemonding篡奪王位，流放了做為儲君的哥哥Mamadi，並使其不得進入國土。哥哥的情緒從憤怒轉為原諒，認為只要能當面勸說，王國就能重返和平。但他說服弟弟之後，弟弟又因恐懼，反覆其行，還侮辱與監禁了哥哥。事態一發不可收拾，殖民長官怕人民力量擴大事端，只得依循傳統，避免在法庭上訴訟，宣布哥哥繼承王位，並懲罰弟弟的罪。但哥哥選擇原諒弟弟，只要求了一聲道歉，而和解誓詞遂成為這首「神已經成就了」。

非洲音樂史官在科拉曲「神已經成就了」的演唱中，主要強調魔法師的溝通能力，表現在歌詞的即興、俚語的插入及對歷史意義的深刻說明。科拉曲之聲樂伴奏（*Kumbengo*）是在節奏或音高上做微調，特別是兩個聲部互相交疊，讓整體演奏製造出緊張的氣勢。樂曲中，可以聽到科拉琴不斷變化主題所帶出豐富流暢的色彩；也因金屬片撥弦時的共振，不時可以聽到弦連鎖片、金屬共鳴的聲景。這正是非洲音樂崇尚的「嗡嗚」聲學美感，與歐洲古典聲學往往過於乾淨、純潔的音色要求對比出極大反差。甚至可以說，*Jali*堅持的演奏傳統某個程度可自比於政治家的道德論述——他們是祈禱歌者、部落詩人，或扮演著口語史學家、說書人，甚至是系譜發言人。

每當聆聽這些「嗡嗚」不絕於耳的科拉曲，思索著曼德拉所成就的南非國土，其實很能想像他動機強烈、作法堅毅、心胸恢宏的戰士性格。曼德拉是一位道德行動者，他知道「如果不擺脫痛苦仇恨，人將永遠身陷籠牢。」他先行的一輩子很像非洲音樂中典型的啟應形式，讓人性中的道德力拉起領唱者與合唱者間的呼應，就像是「神已經成就了」曲中的連鎖交錯旋律。曼德拉晚年所堅持的溝通、謀和、合作與聆聽，必得擺置回歷史記憶的脈絡中，就像非洲傳統必得放回科拉曲的頑固低音裡，那些包含在KBDS曲式中的特定和聲與節奏，加上唱誦字詞的旋律，使重疊的織體有時是二拍子、有時是三拍子，聽起來像是在對抗，卻互相組織成一套厚實而整體的嗡嗚聲響。

曼德拉的道德論述是面對人性的複雜節奏，持續努力「要與敵人謀和：必須先跟敵人合作，然後敵人變成夥伴」。對曼德拉而言，惟美德者方事溝通，因為非洲地景上遍行著這樣的道德聲音，人唯有透過不斷地重訪歷史典範，才可成就這大地上的美好使命。而他發現「攀過一座高山後，還有更多山脈等著。許多人必須一再地行經死蔭幽谷，才能抵達心中自由的山巔」。

林浩立

匹茲堡大學
人類學博士

饒舌、革命與伊斯蘭

現為美國匹茲堡大學人類學系兼任講師，第一個田野地是台灣饒舌圈，第二個是斐濟海邊小村落。

每一場革命都有它專屬的原聲帶。美國六〇年代的民權運動有以巴布・狄倫（Bob Dylan）、皮特・席格（Pete Seeger）為首的空心吉他與口琴吟唱，同時期拉丁美洲的左翼運動有智利比奧萊塔・帕拉（Violeta Parra）一家人帶領的新民謠運動；英國七〇年代無所不反的青年反叛浪潮有龐克音樂文化助焰；當我們回想三一八太陽花學運時，耳邊一定會不自覺響起「島嶼天光」這首歌。但提到二〇一〇年底攪動阿拉伯世界專制政權一池春水的「阿拉伯之春」，大概少有人知道饒舌音樂其實和這一場場發動在北非、中東的草根民主運動有著密切的關係。不過話說回來，如果你熟悉大支、張睿銓、拷秋勤等關心在地議題的台灣饒舌歌手或團體，必定不會對饒舌音樂針砭時弊、引領革新的能量感到意外。

革命的聲音

二〇一〇年十二月底，一位突尼西亞青年蔬果攤販穆罕默德・布瓦吉吉（Mohamed Bouazizi）為了抗議警察長期的騷擾，在地方政府大樓前自焚。此舉將民眾對執政長達二十三年的總統阿里（Ben Ali）長期以來的不滿徹底引爆，開始上街遊行抗議，開了阿拉伯起義的第一槍。而在十一月初，當地一名年僅二十一歲的饒舌歌手「將軍」（El Général）已將他的創作「國家總統」（Rais Lebled），配上畫質粗糙的影像放到網路上。其琅琅上口的副歌、針對突尼西亞總統尖銳質問的歌詞，讓這首歌瞬間爆紅：「總統先生，你的人民正在死去，吃著垃圾，看吧，這些事情正在發生。哀鴻遍野，無處安身，我在此為痛苦的人民發聲。」即使禁播，也鎖不住群眾對其內容產生的共鳴。它自然也成為之後突尼西亞這場所謂「茉莉花革命」的主題曲。當時，突尼西亞還是處於宛如戒嚴的文字獄狀態，這種主題的歌曲，嚴重的話可能會讓歌手被抓去坐牢，或面對更慘的下場。果然，經過祕密警察一段時間的監控，將軍在隔年一月初被政府逮捕。但他所煽動的火焰已經不可能被撲滅。一月中，總統被迫下台，潛逃出境。

將軍的影響力很快地被西方媒體所關注，並且被《時代雜誌》選為二〇一〇百大風雲人物。該雜誌一篇標題為「憤怒、饒舌與革命」的報導裡，記者描寫二月中旬一場於波斯灣小島國巴林首都的示威活動中，「國家總統」的副歌竟在群眾間傳唱——儘管他們示威的對象是國王，而非總統。先前，埃及著名的解放廣場遊行時，群眾在吟頌這首歌副歌的狀況也同樣被見證。埃及其實也有自己的饒舌反抗聲音。來自開羅並且密切參與遊行的三人饒舌團體「阿拉伯武士」（Arabian Knightz），於革命發生後在網路放上「反抗」（Rebel）一曲，此曲立即被認為是埃及人民革命的主題曲。至於在利比亞，饒舌歌手塔比（Ibn Thabit）和史瓦特（MC Swat）早在阿拉伯之春前，就已是批判獨裁強人格達費最犀利的聲音。在此之後，西方主流媒體甚至學術界紛紛出現關於饒舌音樂與阿拉伯起義的討論。《外交政策》發行了與將軍的訪談紀錄、英國廣播公司有「是嘻哈在帶動阿拉伯之春嗎？」一文、美國全國公共廣播電台也有「阿拉伯之春中的饒舌歌曲」的專題報導。在這些分析報導中，饒舌音樂被視為一股反抗腐敗伊斯蘭政權與極端恐怖主義的正面力量。在知名國際事務記者萊特（Robin Wright）的《搖撼堡壘：伊斯蘭國度中的憤怒與反叛運動》（*Rock the Casbah: Rage and Rebellion Across the Islam World*）一書「嘻哈伊斯蘭」的章節中可以看到更明顯的立場。她不僅宣稱在阿拉伯之春爆發之前，嘻哈文化是各地反抗專制伊斯蘭政權最原初的聲音，更認為此音樂文化在阿拉伯世界的生根發芽與青年必須面對失業、貧窮等國家內部的問題息息相關。

但人類學家的看法可不太一樣。長期在巴勒斯坦研究流行文化與抗爭活動的人類學者史威登堡（Ted Swedenburg）認為這些主流分析報導過度浪漫化饒舌音樂在阿拉伯民主運動中的角色，忽略了包括突尼西亞與埃及等地在二〇一〇年之前就耕耘已久的公民人權團體的努力，以及其他音樂類型在這些運動中的聲音，如埃及已故知名烏德琴歌手伊瑪目（Sheikh Imam）。史威登堡的批判強力點出此類論述的一個謬誤：饒舌音樂使伊斯蘭年輕人免於被洗腦成恐怖分子，並且進一步地使他們反思自己的政府與傳統；其更深層隱含的訊息則是——饒舌音樂做為一個近代西方的世俗流行文化，移植到阿拉伯世界後，解放了當地的自由思潮。此類主流分析觀點跳過西方與以色列政府在這些地區長期的政治經濟軍事侵略，以及其所造成的結構性不平等。更為諷刺的是，現在席捲敘利亞與伊拉克的「伊斯蘭國」（ＩＳＩＳ），便是以能夠打動年輕人的饒舌樂和影像來招募新血。去年在網路影片上出現的那位操著英語口音、冷血地割下美國記者佛利（James Foley）頭顱的伊斯蘭國劊子手，據信為二十三歲的埃及裔英國饒舌歌手巴里（Abdel-Majed Abdel Bary）。加納裔德國饒舌歌手卡斯帕特（Denis Cuspert），最近也被發現成為伊斯蘭國黑旗之下活躍的聖戰士。

對西方的批判

事實上，以九〇年代末開始蓬勃發展的巴勒斯坦饒舌音樂為例，當地饒舌歌手不乏批判西方殖民的聲音，其意識型態也相當多元，包括針對貧窮、毒品、性別等主題的歌曲，無法用單一架構來理解。這些歌手多半具有相當的教育水準，而且熟諳阿拉伯語、英語甚至法語。一個極有意思的例子是巴勒斯坦老饒舌團體「ＤＡＭ」。他們在二〇一二年發表了一支畫面鮮明的音樂影片「若我能回到過去」（If I Could Go Back in Time），描述一個年輕女性被父兄槍殺，其用意在反省保守伊斯蘭社會中盛行的「名譽殺人」（Honor Killing）。此影片竟引出知名女性主義與人類學者阿布－盧格霍德（Lila Abu-Lughod）與米達西（Maya Mikdashi）在線上阿拉伯研究雜誌《辯證》（*Jadaliyya*）撰文批評，認為這首歌敘事過於扁平，宛如發生在真空世界，且直接把此類針對女性的暴行歸罪於伊斯蘭父權傳統，忽略背後複雜且牽涉到以色列政府的政治經濟權力關係，同時也矮化一直以來不斷衝擊父權教義高牆、尋求各種可能性的伊斯蘭女性。

出乎意料地，DAM的三個成員也在該雜誌上回應了一篇力道同樣強烈的文章。他們表示這個故事是發生在他們故鄉的真實事件，那裡沒有以色列的占領，有的是日常生活中針對女性的家庭暴力，而他們的目的就是要赤裸裸地將之呈現出來。並不是每件事情都要牽拖到西方與殖民，或提到以色列的占領來證明自己的政治立場。至於缺少女性主義觀點的批評，他們認為批評者直接忽視在這首歌中吟唱副歌的女歌手兼女權運動者瑪卡斯（Amal Murkus），以及她在影片中編織動作的細膩含意：女性的反抗並不一定要剛猛強烈。這篇文章使得兩位學者再度回文，在重述立場之餘，低頭道歉。

類似DAM這樣有能力與知名學者筆戰的伊斯蘭饒舌歌手不在少數，特別是因戰亂等因素出生或移居海外的伊斯蘭第二代移民青年，他們在九一一事件後成為反抗西方「伊斯蘭恐懼症」的主要力量，而他們在這個時期的創作卻被現在擁抱「阿拉伯饒舌革命」的西方主流媒體遺忘。二〇〇四年時，我在網路上意外地接觸到「幼發拉底河」（Euphrates）這個由三個伊拉克裔加拿大青年組成的饒舌團體。他們所發行的兩張專輯《河彎》（*A Bend in the River*）與《刻板印象》（*Stereotypes Incorporated*）無論在意境、原創性、饒舌技巧和音樂製作上，遠勝任何同類型的政治饒舌專輯。他們以犀利的歌詞與押韻，配上融合中東傳統音樂以及嘻哈經典老學校的節奏，反諷批判西方對阿拉伯世界的恐懼與侵略。幼發拉底河充滿個人魅力的主唱「自戀狂」（Narcy）之後單飛延續樂團的生命力。他不僅發行專輯、還擁有媒體與政治學的學位、在大學開課教書，並成為海外伊斯蘭饒舌歌手的精神領袖。其他的代表人物還包括敘利亞裔的歐凡頓（Omar Offendum）、利比亞裔的卡利德（Khaled M）與巴勒斯坦裔的「鐵長老」（Iron Sheik）。他們都有美國大學學歷，後者現在甚至在攻讀傳播學博士。

在英國，伊拉克裔的「低調者」（Lowkey）一直是能見度最高、政治色彩也最鮮明的饒舌歌手。有別於上述歌手業餘或小眾藝人的身分，他在二〇一一年發行的專輯《奮鬥的原聲帶》（*Soundtrack to the Struggle*）竟打入英國全國百大銷售排行榜，這對政治饒舌歌手來說是難得的商業上的成功。他在「親戚」（Relatives）這首歌中，與另外一位英國饒舌歌手「邏輯」（Logic）分別扮演英國士兵與伊拉克青年的角色，敘述各自的背景故事，是伊斯蘭抗議饒舌歌曲中格局最廣的例子。此外，同樣來自英國但能說流利阿拉伯語的巴勒斯坦裔女歌手蔓蘇兒（Shadia Mansour），是長期為男性陽剛形象把持的伊斯蘭饒舌中的一股清流。她總是堅毅的眼神、優美歌喉與銳利饒舌的雙聲帶，以及對巴勒斯坦與伊斯蘭女性地位從不妥協的態度，贏得了「阿拉伯饒舌第一夫人」的雅號。

最後讓我們回到饒舌音樂發源地，美國紐約。如果你認為伊斯蘭與饒舌的關係是在九一一之後才開始逐漸成熟那就錯了。當饒舌音樂在七〇年代的紐約市開始萌芽，當時主要的創建者如非洲邦巴塔（Afrika Bambaataa），以及八〇、九〇年代崛起的饒舌巨星如拉金（Rakim）、武當派（Wu-Tang Clan）、納斯（Nas）等都是伊斯蘭教徒，只不過他們屬於一個特別的門派：「百分之五國度」（Five-Percent Nation），其創立於一九六四年的哈林區，創始人克雷倫斯．13 X（Clarence 13X）是知名黑人民權運動領袖麥爾坎．X（Malcolm X）的學生。在與非裔美洲黑人民族主義色彩濃厚的伊斯蘭國度（Nation of Islam）決裂後，他另闢了這個充滿神祕主義的門派，其教徒認為世界上只有百分之十的人理解真理，掌握權力的菁英意圖將百分之八十五的人排拒於真理的牆外，而他們是願意將知識傳播出去的那百分之五。正是這種啟蒙世人、振聾發聵的思想，與饒舌音樂初始以口藝傳播訊息、賦權少數族裔青少年的精神不謀而合。儘管美國百分之五教徒饒舌歌手們幾乎不曾評論過在中東或北非的伊斯蘭教兄弟姊妹的艱苦奮鬥，但對饒舌這門技藝不斷地淬煉，逐漸使之滋養出能夠評論一切的能量，不會被侷限於單一格局中。

若說是饒舌帶領了伊斯蘭世界的革命，不如說是伊斯蘭先革新了饒舌。

趙綺芳

台北藝術大學
舞蹈學系
副教授

研究領域包括舞蹈人類學理論與方法論、沖繩民族誌、夏威夷沖繩移民的文化展演、原住民劇場等，近年也擔任製作人和策展人。喜歡從吟歌、跳舞、旅遊等事中學習，特別鍾情於以歌、舞、研究會友，跨越國界而樂在其中。

誰和你一起牽手跳舞？人類學者的一門舞蹈課

回想自己在人類學這條路上的「修煉」，雖然常常會被（我的芭樂學妹）形容為「血統純正」（感覺只有分類飼犬才會需要用到這種語言），但是因為個人興趣，老是會「溢出」邊界，轉往自己喜歡的領域，特別是舞蹈。轉著轉著，回過身來有時發現：來時路怎麼看起來不太一樣了。幾（十）年下來，我努力地想把人類學和舞蹈拉在一起，尤其鼓勵周圍動身體的人，多花點時間想想文化。別人想出些什麼道理我不知道，自己反倒揣摩出些心得。

傳統儀式的當代連結

早期我比較關注傳統舞蹈的當代實踐。既稱之為傳統，就跟記憶脫不了關係：舞蹈如何成為一種社會記憶的體現，並與歌謠敘事、時間和空間等表徵體系相互參照，構築出文化內在的詮釋支點？我試圖藉由幾年來蒐集到的原住民舞蹈素材，對舞蹈進行深層分析，讓原為物理學的空間元素與向度，以及解剖學上的肢體動作序列，能夠被賦予一定的「識讀性」（literacy），跳脫舞蹈一向予人不可言說、難以捉摸的特質，透過當代族人們的實踐，有效地被辨識、經驗、理解與詮釋。

例如，我曾經以花蓮縣豐濱鄉港口部落「東海岸文化藝術團」重建之祭師儀式舞蹈展演為主題，做過一些初淺的舞蹈象徵分析。我認為透過律動身體所承載的社會時間性與空間性，巫師祭儀舞蹈的展演可以使得文化記憶中的重要經驗，被重新體現。五十年前巫師修練時所必經的種種過程，實則保存了文化中一整套表徵自然與超自然世界的身心經驗，且以「靈」（*kawas*）做為這一整套身心經驗的抽象符號。「靈」的視覺難以具象，但在動覺上的體現卻是可被感知，並曾是阿美族巫師體系不可或缺的經驗與實踐基礎。改信基督教或天主教雖然在表象上賦予港口部落（Makotaay）居民一種異於以往的文化形式，但是企圖抓住「靈」，一種神聖過去的集體表徵，卻依然是身體律動的動因。在一抓一放、躍起與跌倒之間，扮演巫師的舞者們體現的是一種抓住文化象徵體系所賦予的身心秩序。

做為一名觀眾，我曾為舞台上所展演的巫師祭儀舞蹈動容：在反覆展演的舞蹈中，透過傳統信仰解釋的經驗和概念的這種形式即使並未失去其效力，卻可能被賦予新的意義。它成了當代的港口部落族人在現代社會中找到的一套既解釋自己的存在，又可以安頓身心的一套秩序體系——巫師舞蹈中以水淨身的敬虔之所以令人感動，或許不單是源自綜攝聽覺、視覺與動覺的美感效力，更是一種神聖經驗的當代體現。

然而過了很久之後我才領悟，這種對於跨文化動態身體的美感體悟，並非與生俱來。真正讓我經歷到這種跨文化身體動態當代經驗的衝擊，來自另外一個場域。

身體經驗的後天學習

我回到台灣後的第一份正職，就是跟我從來沒有研究過的族群（台灣原住民）出身的學生們一起工作，教他們文化人類學。現在想想，不論是當時我使用的西方人類學、舞蹈研究理論，或是我長期進行的沖繩民族誌田野，對當年這些學生而言都太遙遠了。不過有件事我們倒是可以共同參與，而且彼此興致都很高，就是原住民的樂舞。我的原住民樂舞啟蒙於大二時參與賽夏族矮靈祭，研究所時期又受到原舞者演出的吸引，成為忠誠的觀眾。沒想到的是，等到成了老師，當年原舞者台柱之一的卑南族實力歌后斯乃泱卻變成我的學生。當然，真出了教室，還是得輪到學生來教我。我的學生們不一定來自同一個族群，但是當大家一起唱跳某個族群的樂舞，一種難以言喻的社群性，讓他們很快就可以表現出一種共融的樣貌。反觀我自己，歌詞老記不完全，動作對我雖不算難，只是跳起來就是怪怪的。

人說一回生、二回熟。我在花蓮待了六年，耳濡目染，聽了不少原住民歌謠，跟著哼哼唱唱，也就好像可以模仿個三、四成。但是舞蹈卻是另外一回事。幾年下來原住民傳統舞蹈看了不少，但真的要用自己的身體實踐，總是覺得有個節點不對。有一天我突然理解了——我沒有和社群一起跳舞長出來的身體。我有身體，也會跳舞，但是我的跳舞身體沒有社群的集體銘刻。套一句布拉瑞揚舞團行政林定的話：「在都市裡，我沒有可以一起牽手跳舞的人（群）。」

等到我進入全台首屈一指的舞蹈科系任教，這樣的經驗和反思，讓我在實際教學過程中不斷地自我提醒。不論是教學系統或是課程，我所任教的舞蹈系都試圖在現代與傳統、國際與本土之間找到平衡，做為本土身體文化的代表，原住民舞蹈課程至今仍是學子們的必修。只不過要讓這群彎腰撿地上的排球不用屈膝、背老是挺得比洗衣板還直、走路外八像鴨子……喔不，是像大官的美麗舞者們唱跳原住民樂舞，我遇到的難題比原本預料得還要複雜。

一開始的問題出現在音樂。當代藝術教育分門別類、自我窄化的系統，專業舞蹈訓練過度專注身體的動作，但往往忽略了其他的表現，例如聲音。原住民和歌而舞的慣例可以從象徵的、文化的、精力的，甚至物理性的角度來分析，但這樣的慣例卻從來不存在於舞蹈教育的認知當中，以致於當舞者們拿著標註羅馬拼音的原住民歌詞時，不時露出痛苦的表情，舞者的脆弱一覽無遺。但，不習慣唱歌的身體，扮得了原住民嗎？

好不容易唱歌的問題解決了，問題回到身體上。部落中，年輕階層必須在儀式中持續保持謙卑的姿勢：頭向前低、視線落在前方地面，但是系上男生從背部到頸子的線條太直，原住民該有的身體樣態始終出不來。女生則是重心太高，部落婦女因為農務所養成的身體慣習，尤其是重心下沉的體態，讓上半身可以在下盤相對較穩的態勢中得以放鬆的自在感，都被學生們高度控制的線條感取代了。

眼看離正式演出只剩一點時間，我和原住民籍的指導老師衝上台，拿著手中寫得密密麻麻筆記本，正要一一指正我親愛的舞者們。可看著他們單純的眼神，我突然有點說不出話，腦中浮現了那句話：「在都市裡，我沒有一起牽手跳舞的人」。不只如此，在都市裡，我想這批年輕人也沒有一起除草耕田的人（當然也就不可能學會卑南族的經典古謠「婦女除草完工歌」）、沒有在舞圈中隨時監督他們姿勢與態度的長老。我們的舞者在進到這個學校前，歷經的是一關又一關的個人式競爭：誰的腳背漂亮、誰的腿抬得高、誰的圈轉得比較穩，能在這裡跳舞是他們個人成功的註記。牽手，對他們而言只是動作之一，但不是心理狀態的外顯。想到這裡，我收起我的筆記本。我想我明瞭了，學生們教了我一堂舞蹈課：原住民舞蹈的精髓不是在動作，再簡單的動作，沒有透過群體生活形塑出來共同的精神向度，也不可能到位。不只這些被主流社會菁英文化馴化的學生還沒到那個境界，我也還沒。我們都還有很多的功課要學。

後記：演出結束後，學期結束前的最後一堂課，我的學生們安靜地坐著。一直到有人提議不要唱部落的歌，而改唱自己的歌，他們才「活」起來。我很高興看到他們一種純然的歡欣，是一種唱出自己的歌時隱藏不住的情感。

芭樂人類學

PART 4
芭樂票

• • • •

政客總是漫天開支票來騙選票，但多半都是「芭樂票」。
政治可不是政客或政治系及法律系的專利，對於時事、政策爭議、
風險管理、權力關係，人類學自有一套不同於一般時論的見解。
無論是在地政治、選舉現象、還是社會運動，政治除魅，
從地方到全球。人類學家發的「政治文」都不侷限於狹隘的政治，
而是更全貌地著力於不同範疇之間的糾葛，
因此政治脫離不了宗教、環境也脫離不了政治。此外人類學研究
特別強調貼近行動者的內在觀點，因此鄉民應報觀的想法，
瘋政論節目call-in的民眾觀點，人類學家都虛心聆聽，
而受芭樂票之害最深的底層弱勢村民的故事，也需要被書寫。

• • • •

林秀幸

交通大學
客家文化學院
人文社會學系副教授

害怕備課，疏於閱讀，不愛管學生的老師；最喜歡寫完東西，被認真讀，用力讚美的作者。

「政治的隱喻」更政治：當修辭做為方法

台灣的選舉堪稱世界奇景，造勢場合激情、壯觀，媒體上則充滿著「戰略」、「光譜」、「基本盤」各種術語，選前之夜集體情感飆升到頂點。這些都是近二、三十年我們熟悉的場景。政治學者和社會會者的分析，通常單刀直入、直面衝突。人類學者卻喜歡繞過前台，嘗試捉摸弦外之音，或是一如紀爾茲說的態度、風格、傾向。這樣的「遠目」不是為了維持人類學的「優雅」，而是那些「難以捉摸」通常會連接到一個幽微但是不能忽略的未來。就像遠方的閃電，一絲的光亮，卻預示著進逼的雷雨交加。面對「全球化」對台灣政治的衝擊，令人心慌卻難以掌握，此時，人類學的「修辭」似乎成為展現學科特性的方法論。

全球化的焦慮與虛空

二〇一四年，台灣九合一大選的焦點是一位參選首都市長的年輕人，他是國民黨元老連戰的公子連勝文。這件事撼動的不僅是台北市選民，更在台灣的網路媒體掀起一整個「勝文」風潮。各種針對他的幽默加工文創一路爆紅到選前，可說成了二〇一四年最佳關鍵字，其中最聞名的句子便是「別讓勝文不開心」。然而「勝文」不僅是一個人的名字，還召喚出台灣社會的某種情感狀態。不管他開不開心，本文的「勝文」，已經超越了他個人，以及當下政治，成了台灣選舉歷史的一部分，更幫助我們勾勒出台灣的焦慮與虛空。

翻開世界各國選舉經驗，非常罕見的，一位本身沒什麼職業經驗（如果扣除父執輩庇蔭的政治圈資本交換）的貴公子，偶爾在他父親的拜會活動裡亮相，一如許多照片的配角，竟然可以坐直升機直接選首都市長！他的出現到底可以如何解讀選民的意念和情感，頗值得一探究竟。電視上的談話性節目大抵圍繞在「勝文」的各種「資本」：太太漂亮，有錢，政治人脈，K的內鬥……但是卻忽略了一項最值得深究的——金融資本！

過去的首都市長候選人，基本上都還可以讓人感受到當事者個人的政治品味，一如馬英九，不管是「依法行政」還是「釣魚台」，在這點上還算是現代性政治的一員。但是「勝文」的出現卻非常後現代，有如電玩主角那麼「空」那麼「新」。你絕對想不到「勝文」的「空」「新」，是全球化的新現象，而台灣的全球化又特別鑲嵌在和中國的關係裡，「中國」，我再一次強調。

勝文唯一可以拿得出來的「政績」就是悠遊卡，不論他是否誇大了轉虧為盈的成績，他確實努力打通「政治關卡」，在台灣複製香港的「八達通」模式。據他個人陳述，這個塑膠貨幣得以在台灣通行，是他努力向立委解釋與說明才得來的。這就讓人覺得，悠遊卡的「成就」還是和其父親在政治圈的人脈有關。

這個例子點出兩個全球化的特性：其一，金融儼然要超越傳統生產成為浮出檯面的「生產」項目。其二，這個行業在台灣得靠政治關係打通任督二脈（所謂「全球化」的現象請隨國情「微調」）。而勝文的出現，光榮宣布了這個全球化下「金融產業」的正當性，同時彰顯了民眾在全球化下的焦慮與不安亟需找到一個出口，且投射的對象必須符合這個焦慮的質感：空洞的，無以名之的。這也是勝文的質感之一，「空」、「無以名之」，和全球化的抽象性遙相呼應，猶如盤旋台灣上空的「幽靈」。

全球化的確帶來很多的不安，否則不至於一個首都市長選舉，被國民黨操作得宛如總統大選般，連打經濟恐慌牌。就連中韓FTA也來攪局，這當然是騙局一場。就如我常在社會學課上和同學解釋的，黑道老大是另一種社會學家，他們最誠實地表達人性對權力的欲求，老大旁邊小弟成群，出門雙B……。K黨也是最敏感的民情監測器，他知道我們的恐慌，我們的焦慮。

經濟想像的尺度

過去的經濟想像是「國家」尺度的，這部分社會人類學家蓋爾涅（Ernest Gellner）講得很清楚。當國家用義務教育來「培養」國民時，隱含的是國民可以在國家內部的各種行業間，極大化他的流動性和替代性。照蓋爾涅的意思，拜工業革命之賜，國家內部得以藉各種便利工具達到一種均質性，使其成為角色功能可互換的一個社群。換個角度來想，也是因為民族國家的浪潮，讓國家得以實存（在我眼裡，社群是實存的前提，我是無可救藥的涂爾幹信徒）。有如尺度增大的大家庭，從社會安全或福利制度、教育、國防等等，我們透過這個社群讓大家得以互相依靠，在這個飄搖的世上生存。也因為這樣，台灣的經濟轉型，不管是五〇年代的加工出口區或是八〇年代的科學園區，都被認為是「台灣經濟歷史的進程」。注意，縱然八〇年代的竹科是以代工為主，屬國際分工的一環，然而國家還是在這個分工體系裡，被視為一個整體。

然而在九〇年以後全球化的世局裡，國家界線的弱化（為何自廢武功，趕流行？）產生多項挑戰，隨意列舉幾項：

一、全球分工的複雜性：當產銷鏈條增長，要考量盡可能縮短產銷距離，又要顧及便利物料、人力取得，降低成本時，要如何掌握自我的利基？不同行業面臨不同的挑戰，譬如：代工業和傳統機械業的應變方式迥然不同，這對台灣各類廠商的挑戰是相當嚴峻的。生產鏈上的每一方都在絞盡腦汁掌握自己的不可替代性，但是不是人人如願。而你在鏈條原先占有的位置又決定了你有多少籌碼，這之間的不可掌握性相當高。

二、金融幽靈和「地溝油」一樣到處滲透：由於製造業的挑戰增高，金融業快速、方便、乾淨，成了獨步全球的幽靈產業。一如「頂新」的啟示，賣油是為了貸款炒地，一如有人賣麵包是為了炒股，製造業是為了掩護金融業。更別提「政府」蓋園區（好像真要製造什麼?!）其實是為了炒地一樣。生產是藉口，炒股炒地才是真相。幽靈一般的金融數字以億為單位，成了新的官商共同體的交易密碼。

三、國家不像國家：從「頂新」買空賣空愚弄毒害台灣，到「郭董」的債留台灣、投資海外，或是韓中ＦＴＡ被拿來當威脅工具。這些事情得以發生都源自於一項雙面矛盾——國家仍舊被以「民族國家」被期待，但是失能的政府卻在這樣的戲局裡充當金融玩家的門神。我們對國家的舊感情被失能的政府用來圈地圈金，要識破這些還得靠專家提供知識。

在當代，你好像生存於一個國家，然而失能的政府卻讓我們逐漸失去「歸屬某個整體」(belonging to a whole）的感覺。在這樣的被切割的陣地，多重困局與引誘中，已經看不到可以寄予希望的所在。連台灣人自詡的「愛拚才會贏」在這種困頓中也失去了「主體」與「客體」：誰在拚？從哪裡贏？隱隱然對國家有期待，卻又不斷地失望。這樣的變局和迷惘，經常要以享樂與愉悅，以全民下注為出口。於此，「勝文」的出線也不足為奇了。

國家／社群是否存在？

在這個恐懼與迷惘以幽靈般盤據的天空中，「勝文」從天而降。他，身形巨大，家財萬貫，不明原因，無以名之。他的無所用，無以名之，無由地帶來一股無需深究的愉悅與安全感。在這個無所適從、金融耀目的時代。不是嗎？你說得出你喜歡勝文什麼，你嘲諷勝文什麼嗎？你甚至不知道要如何討厭他！勝文就是有一股空飄的愉悅，像「金融數字」一般空洞而豐碩。而「勝文」帶來的複雜的意義之網，別說一般人只知其然不知其所以然，連（中間是逗號）勝文自己都不知道這場選戰要怎麼打了？！

因此，戰局不只在候選人之間。戰局還在全球、國家、人民之間的戰線上，拉鋸戰才正要開始！同時間，我們的政府以不斷地威脅與恐嚇，並以沒有條件的對中國開放為解藥來自愚愚人時。不管「勝文」開不開心，我們未來幾年恐怕無從開心起來。

國家是否消失？這是一個二十一世紀的命題。這樣的問號，必須回到國家的另一面來回答：社群。人類學方法透過修辭「勝文」的存在質感，勾勒出世紀幽靈的空心與虛幻。其目的不在享受修辭的愉悅，而是感受到全球化的捷徑產業，對政治的滲入。有如無人飛機幽靈般的武器，無所不入，卻難以究責。這樣的感受力的呈現，隱隱指引出「社群」另一個方向的存在——一個在地的，反思的，責任的，可觸的存在。「社群」

不是一個固有的存在，而是一個具有層次和脈絡的相互性存在，國家也許是在現有地理政治結構之下，一個可欲的「社群」的存在。

大聲民主

莊雅仲

交通大學
客家文化學院
人文社會學系教授

念機械時只喜歡熱力學，改念人類學則是為了找個更合適工具，分析變動的台灣社會，就像熱力學分析物相和能量轉換。

民主不只是自由鬥士對抗政治壓迫的過程，還包括很多日常生活實驗。台灣和很多地方一樣，民主化的過程為公民權和社會生活帶進不少新元素，這些新元素使得民主成為一種引人入勝的生活方式，這種吸引力甚至常常造成極端的情感爆發。本文就是要處理這種新面向的民主生活——自由但帶點強迫症式的日常政治評論，衝破禁忌後不受限制的暢快，慢慢陷入無法自己的衝動。一時間，公共議題似乎成為一件要拚輸贏的事情。

我將檢視這種強迫症一開始是怎麼出現，以及這些日常政治評論所引發的後果。但在那之前，我們必須了解動員的日常基礎，才能解開台灣政治評論如何變成全民運動之謎。本文先討論一九八〇到一九九〇年代台灣常態化政治形成的過程，在這個過程中，政治立場的自我定位和相互詰難成為日常生活的一部分：一個具有普遍性的政治作者和讀者群因而出現，一方面促成了新的國家體制的打造，另一方面則促成社會運動世界的形成，以及本文所要談的大聲公眾。

街頭民主

這個過程的開始和一九八〇年代劇烈的政治變化有關。一九七九年高雄發生美麗島事件，原本因為政治鎮壓和審判遭急凍的反對勢力，卻在一九八〇年代初期開始更急迫的政治動員與挑戰。許多研究已說明了這些政治風潮如何帶動台灣的民主化，並促成了「政治社會」的轉換形成——即政治體制重構與政治力量重組的過程，包括了變動中的憲政體制、政黨政治、中央與地方關係以及經建／預算決策過程。但較少人注意到當時綿延數年的政治風潮在日常生活的細微影響，其中一個重要的具體表現是變動中的街道景觀。

一九八〇年代，戒嚴時期，「選舉場」也許是人們膽敢在陌生人面前打破沉默、表達自己的唯一場合。國民黨強力鎮壓反政府活動與言論，卻異常地允許這些露骨的批判政見會存在。選舉場因此成為學習民主的街頭教室。多年來隱藏於黨外雜誌批評文字之後的民主運動，開始在街頭現身。「走街頭」取代了「寫文章」，成為一九八〇年代最有爆發力的政治表達方式。以當時的政治氣氛而言，這算是一個新鮮但冒險的實驗性做法。在政府的嚴密監控下，街頭遊行成為新的訊息告示板。不管是透過新聞報導或路過直擊，和黨外雜誌限於教育程度較高的讀者群比較起來，街頭遊行吸引了不同社會階層與社群觀眾的注意。雖然不像雜誌讀者具有目標性，街頭目擊或新聞收視卻更容易產生強有力的認知衝擊。尤其這些街頭行動的半祕密性質讓參與者彼此間產生某種連帶，有時嘉年華式的情緒爆發更引導群眾想要跟著表達，產生某種啟蒙的吸引力。

如果說一九八五年之前的政治訊息傳送主要是以「後美麗島事件」爭民主的選舉集會為主，一九八五年之後的政治表達則趨向多元議題，群眾開始邁開步伐，遊行街道。學生、農民、老兵、勞工、小鎮居民與鄉民們，跟隨著黨外人士，開始走上街頭，爭取不同意義下的人民權利。行走式的抗議遊行成為身體律動與思想意義的創新空間。如果集會是啟蒙的，遊行則是解放的：不管是雙手交叉、兩眼前視、緊握拳頭或高舉白布標語，遊行者占領街頭，改裝的民主戰車也吸睛上陣，立體化了遊行場域。

一九八〇年代的這些集會遊行是本文討論的日常政治表達的原型，集會遊行成為意義創作和閱讀的場所，吸引觀看者的注意力。這個政治學習不只關乎理念，也和如何形成一個互相討論、互相連結的組織文化與社會有關，其中包括幾個面向：首先是政黨組織性的動員取代了祕密集會。一九八七年的解嚴連帶解除了多年來的黨禁，一九九〇年代初期，國會全面改選促成政黨組織與動員的強化，有別於過去一黨專政時的統合式組織動員。

再者，選舉造勢越來越影像化，原本街頭自發的行動演變成為了新聞需要的演出。較專業且多方協力的政黨動員，協助打造了一個個文字與影像的創意表演舞台，並且透過當時特有的紀錄片製作與小眾網絡流通，某種程度上建立了後來類似集會的意象模態。社會運動團體持續這個潮流，甚至新增各種創意動作，例如一九九七年白曉燕事件後的集會遊行，將標語以雷射光打在總統府建築體上，此做法後來也被很多遊行仿傚；又如一九九〇年代最後幾年到達高峰的五一工會遊行發明許多搶眼吸睛手勢，也增加了街頭運動的活力。

第三，捲入選舉活動的人口越來越多，組成也越見分歧：婦女票、青年票、老年票、客家票……等等，每年都有動員不同背景人群的不同口號出現。從早期新潮流系主導的黨外聯合陣線論（婦女、勞工、原住民與環保聯合戰線），到一九九〇年代初期一些學者倡議的人民民主說（多元、差異社會群體間自主平等的結盟），再到新社會運動談的庶民社會力量，政治與社會行動者經歷一次次的再擴張與重定義。

許多政治研究者已指出，類似的「政治過程的常態化」，協助鞏固了一個民主制度下的新政治社會，保障了普遍且常態性的政治代表體系與公民參與管道，並連帶產生一個組織化的市民社會。不過，這個常態化過程卻出現一個意料之外的結果，就是日常脈絡中個人政治評論者和交談者的出現與發展，複雜化了市民社會裡政治行動的可能。

○說話大眾

常態化過程改變人們政治表達的方式，並助長了政治熱情，不過這並非唯一的因素，另一個需要注意的是全國資訊流通的形成與發展。日常政治談論的強迫症尤其與此相關，因為它讓過去被清洗淨化的異議言論，開始出現在市民社會的公私領域。

一九九〇年代初期政府開放民間設立廣播電台與無線／有線電視台，到一九九五年，這一批新電台的政論節目成為熱門話題，call-in節目主持人擁有廣大支持者，空中電波提供新的政治討論管道，取代了選舉政見發表會——因為後者無法滿足多話的選民。電視政論節目起步較晚，卻後來居上成為最有影響力的新媒介：跨入二十一世紀，二十四小時新聞台已是收視戶揮之不去的影像夢魘。這些電視台之所以能形成影響力，憑藉的不只是技術的先進，還因為背後的大老闆多數有很密切的政商關係。因此雖然遭受點名批評，但這些電視政論節目依然大量流通，最終產生了一個不知何時應該停止的「說話大眾」。

這個說話大眾的出現製造了許多特異的政治場景。例如一九九四年八月，有關當局對這些「非法」地下電台的「抄台」行動，導致無法控制的局面，電台的忠實聽眾群——計程車運匠們集結並試圖救援，因而和警方對峙。年底，相同一群計程車運匠們成為陳水扁市長選舉的主要抬轎者，在選舉的過程中，計程車成為新的移動式論政場所。當然，也不時有乘客抱怨遭到無禮對待，造成司機乘客間的紛爭。那個時候，電台脫口秀節目擁有龐大的運匠支持者，替原本激烈的選舉增添更多變數。

除了地下電台事件，一九九四年的台北市長選舉還產生了新的傳播技術，協助促成大聲公眾的形成。其中最引人注目的是電視辯論會的舉辦，選民首次得以在螢光幕前觀看現場直播的政見辯論，這是相當新奇的經驗，尤其在這之前電視頻道還是相當地政治「淨化」。當時才剛合法化的第四台頻道可能從這得到了靈感，開始在二十四小時的新聞台加入即時的政論節目，同時接受電話 call in。所以當兩年後第一次民選總統舉行時，候選人已必須習慣時時面對鏡頭、鎂光燈，二十四小時不間斷的新聞轟炸，和永遠嫌說得不夠、總是還想大放厥詞的視聽大眾。

大眾媒體進一步的開放慢慢產生固定的日常政治討論過程；持續的選舉動員效應與連帶的媒體熱潮，更使得政治討論進入家庭與朋友網絡。當選舉逼近（過去二十幾年來，哪一天不是選舉逼近），在客廳裡或在電話中，政治討論穿梭於家人與朋友間的談話過程。常常聽聞這些討論終以悲劇收場，好朋友甚至夫妻雙方為此爭得臉紅脖子粗，好幾天互不講話。

但這樣的政治討論隨時可能發生，許多場合甚至很不合時宜。我自己就親身經驗原本在一起享受溫馨晚餐的家人開始惡言相向，許久不見的老友聚會不歡而散，甚至還有相親場合因此變得彆扭。以我曾參加的一場晚餐為例，剛開始大家可能還小心應對，偶爾丟出一、兩句話，或附和或反駁電視裡的評論。突然，有人開始覺得事情嚴重，於是聲音大了、臉也紅了，其餘人先是屏住氣，看看對方還有什麼話要說，接下來可能有人加入戰局，兩方一陣對罵，而大家也無心繼續享用晚餐了。

日常生活政治化？

這種大聲公眾的進一步強化（包括涵蓋度和深入性）產生極大的政治效應，而且也轉化、重新定義了日常生活。曾經，日常生活是現代資本主義創造出來的一般常規時空，大聲公眾的形成卻為平凡甚至無聊空泛的日常生活帶來不尋常的元素。這個尋常中的不尋常性，提供了建造政治化日常生活的契機，日常場景成為新的公共論壇。但是這種日常生活的政治化也有其困境：一方面，日常生活政治化帶來的熱情使得許多政治與社會行動成為可能；但另一方面，民眾熱情的議題仍然有限。

解嚴之後的二十多年之間，大聲公眾在大眾媒介的轉化中形成，而其發展更超越媒介空間，直接跨入日常生活世界。也正因為大聲公眾對常規的擾動性作用，日常生活成為眾聲鼎沸喧嘩的爭辯空間。媒體輿論曾大加撻伐這樣的「政治化」，但從另一個角度，台灣客廳政治提供了一般民眾在日常生活中了解彼此立場底線的機會，有時有點超過，但卻因此可以協商差異；雖然讓人討厭，但這個不合宜性卻是使得大聲公眾可以發展成精細的意見與情感交換系統的關鍵。政治討論占據日常空間雖然有點破壞家庭和諧，卻意外地挑戰有話要說的小市民們：如果想要理直氣壯，就必須好好了解事情，學習較好的表達方式，以便在隨時要來的下一場爭辯中面對你的對手。

當代台灣有兩種形式的公共——社運網絡和大聲公眾，兩者並非截然分離，參與者還是有相當的重疊，而為了形成兩者之間某種夥伴對話關係，許多人努力建構進一步的溝通平台。一些學者和運動者提出在歐美常用的審議民主，並記錄和討論了幾次實際運作過程。審議民主著重經由安排協商設計，讓公民就爭議性話題可以有個以包容的態度當面對話、討論和辯論的機會。另外一方面則是社運和社區的關係，從一九九〇年中期以來的回歸社區呼籲帶領社會運動者試圖理解在地感和在地政治，也因此發展出不同程度的對話關係。

關於審議民主或社區主義實踐中對話關係的討論，觸及了某些面向的大聲公眾內涵。我們逐漸了解那股使大聲公眾無話不說的熱情與驅力，並非一定會讓談話無法理性，只是得注意對話方式的差異，以及隱含在這些差異之後的價值選擇。換句話說，大聲公們常不甘苟同或不願就範的「打死不退」態度，並非全是所謂的惡鬥或對立字眼中隱含的非理性使然。為了了解這些不馴與不合，或許我們必須開始思索「不同意」的民主意涵；正是在衝突中「聆聽彼此」，使得政治成為可能。

陳伯楨

台灣大學人類學系
副教授

我所遇過的那些離散人群

筆名芭樂貓。家有一百吋電視螢幕打電動的考古人類學家，也有一百件圖案古怪的T恤，出席學生口試時會挑有暗語的穿上身。夜市達人，每天打卡美食照，成為貓奴後改鞋歸正，每日進行貓族的人類學觀察。

很多時候博士論文題目的決定是完全沒有什麼道理可言的。我在寫完與台灣南島語族擴散相關的碩士論文後，處於有點無以為繼的狀態，這時剛好有個到中國重慶的田野機會。當時我對於田野地近乎一無所知，只曉得要去搶救一個即將被三峽大壩淹沒的古代鹽業生產遺址，連可能要做什麼題目都沒想清楚就出發了，沒想到這個現在已經在水下的小鎮，竟然成了我的博士論文田野地。

被數字淹沒的故事

考古隊裡的工人都來自當地村子，最大的特色就是幾乎都是女性。這在中國農村是個普遍的現象。男性的青壯人力基本上都到縣城或是更遠的大都市裡打工，因而使得村中維持家計的多是中年女性。這種出外打工的經驗已成為中國每年過年返鄉人口大遷移的最大因素。剛到的前幾個禮拜，日子就這樣過去了，沒想到有一天早上休息的哨聲才響，一轉頭就看到只剩幾個老太婆坐在旁邊鬥地主（一種撲克遊戲），其他工人全都不見了。一問之下才知道，由於實行計畫生育，縣裡面每隔三個月會派醫生到村子裡，所有有生育能力的女性都必須接受檢查，如果家中已有小孩但又懷孕的，就必須接受人工流產。但奇怪的是，我認識的村民們每戶家中都至少有兩個小孩呀？這些小孩是從那裡冒出來的?「就跑唄。如果想多生，一發現懷孕就趕快跑去外地打工，這樣醫生就檢查不到啦。反正回來再罰錢就是了。」這時我才發現，原來現代中國農村女性的流動經驗，有一部分竟然是來自於國家政策的影響。

人口外移流動的經驗有時也帶給村子一些微妙而不可察的變化。有天田野快收工時，天色陰暗，但剛好挖到一個重要的遺跡，實在很擔心要是第二天下雨造成影響。於是我順口問身邊的一個老頭覺得明天會不會下雨。沒想到這個簡單的問題居然引來旁邊所有工人的哄堂大笑。「沒錯!他是燒火佬!他最會看天氣了!」老頭則是憋紅了臉，使勁地否認自己會看天氣。當時我完全一頭霧水，不能理解為什麼這麼一個簡單的問題會引起這麼熱烈的「回應」。後來才知道，因為古代年輕男性每天出外耕田工作，把父親留在家裡生火，妻子則負責其他家務。如果公公想要和媳婦有苟且的行為時，就必須具備看天氣的能力，要不然一下雨，兒子回來就穿幫了。於是當地人便習慣把兒子出外打工的老頭子稱為「燒火佬」，後來甚至就變成了一種罵人的話。雖然我沒聽到關於公公和媳婦的實際例子，但因為年輕男性出外打工，某家的誰誰又跟某家的誰誰有什麼事，倒是常常在八卦中耳聞。在政府人口流動調查的數據中，這些「微不足道」的小故事其實很容易就在數字的洪流中被淹沒了。

拆房子、釘子戶與考古學家

對這些村民來說，短期的流動經驗已不算是什麼太稀奇的事，但因為三峽大壩的興建，他們卻即將面臨一個家的消失與搬移。

由於拆遷在即，村民們人心浮動。剛到村子時，我先是聽到政府計畫將全村的人遷到黑龍江去的消息，村民們群情嘩然，個個都不願意接受這個搬遷計畫。負責移民的官員只好把搬遷的目的地改成山東。和黑龍江相比，山東至少是可以想像的地方，村民們反彈的聲浪也稍微減小。官員打鐵趁熱，提出每戶人家可以派一個代表到山東查看未來搬遷的地點，於是一群人便浩浩蕩蕩搭乘專屬火車出發到山東。回來後，每個人對山東都讚不絕口，讓我不禁好奇了起來。「為什麼你們會覺得山東好呢？」「山東好呀，我們這輩子沒看過這麼平的地，種莊稼都是用機器，以後生活一定很安逸。」對於這群一輩子住在峽谷，完全使用人力在狹長坡地上播種收割的人來說，山東前所未見的開闊地形使他們心生嚮往，甚至驅走了心中對於異地的不安。這對我來說是個出乎意料的轉折。

決定搬遷地點後，接下來就是實質的搬遷賠償問題了。每戶人家按照房子的材質和大小，依公式進行賠償，算算每戶多少也有兩、三萬人民幣的賠償金。但問題是：

什麼時候給錢呢？政府擔心村民拿了錢不搬，於是要求村民自己把房屋拆了才給錢；村民擔心拆了屋子後政府不給錢，堅持要先拿了錢再拆。兩邊互不信任的結果僵持了半年多，最後終於有村民讓步，先拆屋子也拿到錢後，問題才得到解決。而在接下來的時間裡，幾乎每天都會看到有村民全家在被拆得只剩地基的房屋面前抱頭痛哭。村民多選擇直接將房子轉賣給拆房子的公司，只見工人很俐落地用大鐵鎚猛力地敲打牆壁數下，便輕易將磚瓦完整地拆下，再運去別的地方蓋新的房子。看到拆房子是這麼容易，我一方面慶幸田野的時候沒有發生地震，另一方面也在想，如果房子這麼好拆，還可再利用，那未來的考古學家要考什麼呢？

村子裡面總還是有幾戶「釘子戶」。工作站對面的雜貨鋪就是其中代表。老闆因為對賠償金不滿意，堅決不肯拆房子，也居然能堅持大半年屹立不搖，實在有異於我對中國政府執行公權力的刻板印象。沒想到等到夏天，雨季一到，有天縣裡突然來了幾個人，在滂沱大雨中爬上雜貨鋪的屋頂，一口氣把屋頂的瓦全掀開便揚長而去。只見雨水從大洞中傾盆灌入。一週後，無力修復屋頂的雜貨店老闆只能接受賠償，拆了房子搬家。

其實村子裡最牛的釘子戶就是我們考古隊。由於必須等到田野工作結束後才能拆房，在田野最後的兩年，考古隊的工作站是村子裡面唯一屹立不搖的建築物。但因為村民已經全部搬走，政府也已經開始進行水庫蓄水前的清理工作，所以包括水電在內的服務全部中斷，考古隊必須雇人從山裡挑水過來，有種回到原始生活的感覺。

村民搬走後差不多過了一年，我陸陸續續看到原本應該已經搬到山東的村民們出現在縣城中，細問之下，才發現他們還是無法適應那裡的生活。或許是擔心來自重慶的村民群聚會在山東移居地形成社會問題，政府辦理搬遷時並不是整村遷移，而是將村民們打散到不同村子。失去了原有人際關係的村民面對陌生的環境，產生強烈的不適應感。更糟的是，有些村民拿到有生以來從未見過的大筆賠償現金，心想這輩子可以不用再種田了，便想改行做小生意，卻因不諳成本控管，以至於一、兩年就賠掉所有的錢。遭遇到種種不順，他們開始想回到自己的故鄉，但村子已經夷為平地，只能在縣城裡面找工作糊口。更弔詭的是，在政府的戶籍制度裡，他們已成為山東人，無法再享有重慶的社會福利，包括小孩也都不能就讀公立小學。於是他們變成一群在重慶的小縣城裡面只會說四川話的山東人。

故鄉裡的異鄉人

田野最後的兩年，移民的問題一直在我心中揮之不去。這群人們不折不扣成了「離散人群」（diaspora）。「離散」這個字源自於古希臘文《七十人譯本聖經》（*Septuagint*），為dia（across）及-sperien（to sow or scatter seeds）兩字組合而成。西元前五八六年尼布甲尼撒國王（King Nebuchadnezzar）摧毀所羅門聖殿（Solomon's Temple）後將猶太人驅離，成為之後猶太人巴比倫流亡時期（Babylonian exile）的開端。離散一詞最早便是用來指稱居住在亞歷山卓城（Alexandria）的希臘猶太社群（Hellenic Jewish communities）。由於這樣的歷史因素，離散常被用來指涉因移民或放逐等原因離開自己故鄉的人或社群。其後這個字被擴大形容因各種理由離開家鄉到文化相異的地方工作和生活的人群，就像我們現在在台灣隨處可見的外籍勞工和配偶。他們試圖在新的地方安身立命並融入當地的社會，對家鄉有無限的鄉愁一時卻又無法回歸，這樣他鄉與故鄉的糾結可能歷經數代而仍鮮明地持續著。

我田野地的村民們被迫離開了自己的家鄉，在無法適應新的環境後只能返回，但在法律上他們卻又成為故鄉裡的異鄉人。這種命運的諷刺無形中也牽動了我論文裡關於人群流動的主題。我發掘的考古遺址是春秋戰國時期巴國的大型鹽業生產遺址，而在離遺址約五、六公里、與長江交接之處，出現了至少數十座屬於春秋晚期到戰國初期的奇特墓葬。這些墓葬的埋葬形態及隨葬物品都和當地巴國的墓葬明顯有別，卻與東邊楚國的墓葬一致。對於這個孤懸在巴國境內，離文獻上已知的巴楚邊境至少一百多公里的墓地，中國考古學家一般認為這些墓地的主人是為搶奪巴國鹽業資源而命喪異鄉的楚國將士。我在考量當時的國家關係、後勤補給能力與相關的考古證據後，傾向認為他們是楚國到巴國進行鹽及其他商品貿易的「貿易離散人群」（trade diaspora）。

不論什麼原因，兩千多年前，這群楚國人可能也是懷著忐忑不安的心情，來到語言風俗不同的巴國做生意，當客死異鄉，他們的親友仍然選擇家鄉的埋葬習俗與隨葬品替他們安葬。這種流移過程中，人與家鄉的羈絆或許是古今皆同的，在相隔兩千多年的同一個地方發生，又恰好被一個在這裡工作的台灣考古學家把他們連結起來。或許這就是考古學迷人的地方吧？希望這群楚人在異地能夠安息，這個小村的人也能解決離散的困境。我也謹以此，紀念我在田野中遇到的兩群離散人群。

死刑戰爭

容邵武

暨南大學東南亞學系人類學碩士班副教授

從對國家法律的研究出發，現在也關心在地經濟議題；從對台灣社區研究出發，現在也於香港新界田野調查，期望日後做出比較性研究；從硬梆梆的學術問題出發，現在也關心公共的芭樂現象。

一直以來，台灣的法律採借西方的法律條文或理念已經不是一個祕密，甚至還是個必然。令人驚訝的是，台灣的法律學界對於自己所採借的西方法律和理念是如何與「常民的法律和理念」碰撞，以及碰撞之後會發生什麼事的研究卻又少之又少。曾有一位法律學者直接告訴過我，法律的制訂要取法最保障民主、人權的條文和精神；只要在立法層面努力讓法律通過，人民的感受也就不是那麼關鍵，畢竟「頭過身就過」，人民總是需要再教育。死刑存廢的辯論也存在著「西方法律理念」與「常民的法律和理念」碰撞之後的矛盾，只是死刑存廢關係著文化中最深、最廣，對生命、對人的價值的假設，更讓這種矛盾顯得張力十足——因為每個人都可能牽涉其中，因為每個人自己或身邊的人或早或晚都要面對死亡這個問題，不像其他西方法律引進所帶來的矛盾，通常只有局部，而非全面。

這個張力，借用陳嘉銘教授二〇一〇年在「死刑存廢：道德、政治與法律哲學的觀點」座談會中的用語：「廢死運動的人權論述和台灣社會的存死話語，好像二個無法溝通的外星語，一個來自歐洲『文明』星球，一個來自台灣社會星球。」蕭高彥教授在同一場座談會中也提到，「在台灣社會中，廢死論者具有高度的人道精神，並且基於國際組織相關的協議書，以及英美關於死刑是否合憲的學術討論和司法實務，已經產生相當完善的論述以及社會運動策略。相對的，反廢死論者往往以主要的受害者家屬為

代言者，通過感性的說法來表達他們的訴求。」(強調為筆者所加)

真實的狀況當然遠為複雜，不過這「二個無法溝通的外星語」似乎架構了死刑存廢與否論爭的主要面貌。無論正反雙方，都有來自法律、政治、哲學、宗教的專家，提供系統的論述，人類學有什麼不同的話語可以參與這場公共議題的辯論呢？

二個無法溝通的外星語？

幾年前我受邀參加南投縣某社區大學公民素養週，討論死刑存廢的公共論壇。那是一個跨課程的活動，論壇地點選在國小的禮堂，我到的時候，國小禮堂裡擺放的二百多張鐵椅已經快坐滿了。主辦單位找了三個與談人，我被設定成廢除死刑意見的代表，一位社大學員擔任贊成死刑意見的代表，第三位是退休的法官，偶爾在社區大學開設法律常識一類的課程，則是扮演解釋法律規定的中立角色。

法官首先引言，提出一些死刑存廢的背景資料，接著換我提供主張廢除死刑的理由，最後是贊成死刑意見代表的發言。我發現，這位贊成死刑意見的代表沒有任何的「說帖」(正式的理由)，只很簡短的描述她的感覺，以及做為一個「老百姓的想法」(她的用語)。接下來是開放提問，讓學員聽眾和與談人交換意見。整個問答過程共有五位學員聽眾發表意見加提問，而且清一色都是問我，或說是針對「主張廢除死刑」提出疑問。我感覺我像一個不受歡迎的人物，在一個不該出現的場合，說出一些不受歡迎的意見。在那一刻，我覺得主張廢除死刑的人被等同於加害者，或是得為加害者的行為負起責任；至少得連帶承擔一般「老百姓」對暴力加害行為的憤怒與不平。

針對我的回答，一位聽眾直接了當地說，我提出的理由都是取自國外的經驗，國情不合啦，西方國家比較文明走在前面，所以可以採取這些措施，但是我們台灣還沒有到達這個水準，不能學別人的作法；做了壞事就要有報應，天理才能循環。也就是說，大多數民意是贊成死刑，廢死論述只是菁英決定的啦。

他所謂「大多數民意贊成死刑」，在這個體育館內很容易證成。在這樣的公共論壇裡，我被當成「外國教授」，其實是極富意義的。我不僅在陳述一個不受歡迎的意見，我同時在陳述一個「外國人」的意見，一個「國情不合」的意見。我驚覺自己的尷尬，根源於我和在場的多數民眾講的是不同的「語言」。於是，我決定改變策略。我想起過去曾經作過許久的鄉鎮調解委員會的研究，那裡沒有硬梆梆的法律文字，聽的都是「老百姓的想法」，我怎麼會忘記這一點呢？

一個典型的車禍案件調解總是如此開始：傷亡者或親屬敘述自己的痛苦，不論是身體的痛苦，或是看到、照顧傷者的痛苦與辛苦，然而這些痛苦都是不必要的，如果不是因為對方開車時的錯誤或過失。傷亡者或親屬的火氣可能越來越大，說話的聲音越來越急促與大聲，特別是說到對方從事件後既沒有來看望傷亡者，甚至連一通關心的電話也沒有；車禍已經對傷亡者造成傷害，之後的不聞不問又造成二度傷害。肇事者對於此項「指控」，也總是提出許多解釋（當然，默認傷亡者及其親屬說法的也很多），包括去看傷者時，傷者正好不在，或是電話沒打通等等。奇怪的是，常常看到一方說他曾經去看望、打過電話給傷亡者或其親屬，而傷亡者這方也並不否認這個說法，但是傷亡者這方還是會繼續用其他的方式，抱怨對方沒有給予應有的看望及關心。

從鄉鎮調解委員會的研究中，我理解到台灣社會人與人的互動，還是充滿著社會義務網絡的道德表述，常見的民事糾紛（如車禍）就已經非常濃烈的表述出「償還的義務」，那麼在面對最重大的損害——死亡——時，償還義務的表述一定更加濃烈。因此我覺得廢除死刑的論述，不能只著重在先進國家法律保障權利的爭議點上，廢死論述必須提供轉化的機制，讓人們一方面可以表述死亡對生活世界造成重大損失的缺憾，另一方面在建構新生活世界意義的同時，讓當事人感受到「償還的義務」已獲解消。

我不知道自己此番根據法律人類學研究成果的綜合論述，達到多少效果。不過，最後一位聽眾的提問，除了繼續表達他對廢除死刑的憂慮之外，卻多了想要了解傳統法律文化的興趣。他說，「我們每個人身上都同時存在著傳統和現代，可是什麼時候傳統比較多？什麼時候現代比較多？什麼契機才可以讓傳統和現代有可能調合？」最後總結時，另外二位與談人也指出，我們目前處於歷史演進的時刻，法律文化不斷地轉變，今天的討論可以讓大家思考，傳統的法律文化是什麼，需不需要改變。二、三十年之後，不管台灣是否廢除死刑，我們現在的討論對於之後的決定都會有所貢獻。「公共論壇」準時在晚上九時結束。二百多個人從私人家戶走出來，參加在公共空間舉行的一個和公眾有切身關係的死刑存廢議題的討論，然後再回到私人家戶。對於這個公共議題，大家是否和進到這個公共空間之前有不同的體認？

我自己做為那個特定公共論壇的參與者，看到死刑存廢的辯論似乎走到一個死巷（cul-de-sac），在現場感受到尷尬或震撼，因為它的命題範圍已經從原本法律人廢除死刑的主張，變成我們是否要贊成西方「先進」理念，以及如何讓一般老百姓了解與接受。我慶幸法律人類學的研究讓我有足夠的敏感度意識到這個議題方向沒有建設性，而嘗試轉向以我認為的「老百姓的想法」點出它的歷史性，把此議題（至少部分）導向從檢視「傳統」法律理念開始，繼而找尋出路。換句話說，我嘗試將現場的討論從直接的「國情不合」，變成對自我的探尋（soul-searching）。我成功了嗎？我提出了一個對於這個公共議題可能的問法，而我是從法律人類學的研究開始。（當然，這個可能的問法最後也要變成公共辯論裡被批判檢視的一環。）

法律人類學可能的介入

人類學可以提出什麼不同的話語參與關於死刑的辯論呢？這涉及在對於生命與正義的公共討論中，人類學有沒有可能清楚陳述當代台灣人文化信仰體系對生命價值的態度？如果我們認為「廢除死刑」與否、以及它是否成功，只是法律、政治問題，主要依據是法律理論的辯論，或是國際、國內政治環境的變化，那麼文化信仰體系便永遠只像個難解的激情，甚至是容易被操弄的對象。人類學常常賦予自己探索「難解之謎」的使命，但是也許它們之所以難解，其實是因為在理性的觀照下，這些所謂「難解之謎」顯得沒有系統和規律，更何況了解它們畢竟不能只是著眼於法律的修改而已。

所以要了解文化信仰體系，得包括以文化人類學為基礎的在地研究和比較研究，這也正是我認為法律人類學對「廢除死刑」論爭可以提出的二個問題：一個是貼近並掌握文化的「信仰體系」，另一個是找尋轉化的機制，消解死亡所造成的「債」。而且這二項動作習習相關，因為貼近並掌握文化的信仰體系並不代表無條件接受它們，而是要加以了解並且找尋轉化的機制。

法律人類學主張要面對台灣法律長期移植、混合西方法律的社會實況，強調對法律現象的解釋需在掌握社會文化的脈絡下進行，對死刑的論爭也無例外。透過當地人

「正義觀」的表現方式，進而整理出當地人的文化形式、文化關係是值得探討的。地方「正義」觀，一方面深受現代法律和政治系統的影響，另一方面，它卻又是當地人據以落實和轉化法律正義的一組觀念，甚至帶有挑戰法律正義的能動性。人類學與法律可以從彼此的合作中互相受益。如此一來，關於死刑存廢的辯論能有更具體的設定，法律專業人士可以更加了解常民的想法，人類學家可以傳遞地方的法律知識，具體形塑死刑存廢的討論內容。在這個廣大的公共空間的辯論裡，（法律）人類學家既是中介者，更是提出問題者，一如我在社區大學的論壇可以做的事，只是這些可能必須建立在更清楚的經驗研究上。

人類學家卡里瑟斯（Michael Carrithers）在「人類學做為道德科學的可能」（Anthropology as a Moral Science of Possibilities）一文中，期許人類學可以成為挖掘出「道德可能性」（moral possibilities）的科學，希望人類學可以找到「道德的美學」（moral aesthetic），打開我們觀看、理解世界的可能性，這個途徑在於人類學能不能解開（如法律語言）只是限縮人們世界的道德語言的限制，找出文化裡各種論述形式，以掌握說話者豐富多樣的選擇、意圖與道德情感。因為故事及論述正是說話者與聽眾彼此說服——而不是限制、評判——的工具，在說故事及表述的過程中，道德的可能性才會逐漸顯現。因此，廢死論述必須不斷傾聽人們的故事，也要不斷擴展自己說故事及表述的形式（非語言的形式），透過不斷挖掘與找尋擴展生命價值的故事，提供人們在死亡事件上的轉化機制。

當我們持續深化對這種「庶民」正義的認知和修正，就可以回過頭來對法律人類學的假設和方法有所啟發。法律人類學能夠（或應該）在這場戰爭打前鋒嗎？死刑存廢的辯論可以從死巷裡活過來嗎？

呂欣怡

台灣大學人類學系副教授

大學唸動物系，因為對人的無窮好奇而踏入人類學領域，貓奴一枚。

橘色夜空下的社運記事

二〇〇四年六月二十五日田野筆記

傍晚四點多回到劉家客廳，一直聞到一股瓦斯味，我原本以為是瓦斯沒關好，檢查了廚房及客廳的瓦斯桶都沒有問題，但味道還是不散，我開始感覺頭暈。到了五點，門外傳來急促的喇叭聲，原來是鄭懷仁先生，他問我聞到臭氣了沒，我說，是誰家的瓦斯桶漏氣了嗎，他說「是中油漏的。我特別來跟你說，就是要你把這個經驗寫下來帶回美國去。」這時大廟開始放送廣播：「中油又在放毒氣，各位鄉親如果關心這件事情，我們一起到北門口去給他抗議！」愛看熱鬧的人類學家急忙騎著單車衝向高廠北門，已經有近百位民眾聚在那邊議論紛紛，交換各種身體器官的不適感，地上撒滿一層冥紙，許久不見的阿寶也從田裡回來了，他神情疲憊地說，「住在後勁這一輩子都是這樣，實在很懨（sian）。」

以上的場景發生在高雄市楠梓區的後勁。一九六〇年代以來，隨著石化工業的擴張，污染成為這個古老聚落不斷重複的噩夢，無數的工安記錄中，最驚悚的是發生在一九八六年與一九九六年的兩次油雨事件。當地人說，雨一下，晾在陽台上的衣服瞬間佈滿黑點；還有一九八八年某夜，一位工程師在宿舍內點煙引發氣爆，全身灼傷；

同年有居民發現該地抽出的地下水點火可燃。

二〇一四年八月一日凌晨發生的石化氣爆事件，炸出了眾多市民對於城市工業設施的安全疑慮。事實上，過去四十年來在這個工業都市的各個角落中，存在太多源自石化產業的「環境苦難」(environmental suffering)。比如長期以來地處下風面的後勁居民，從飄自油廠的各種廢氣中，練就了一身獨特的污染在地知識，光憑鼻子就可以聞出臭味是哪個方位、哪座工廠傳出來的。像那天，阿寶就斷定是輕油裂解廠裡的「ba-rubu」(バルブ，即valve，閥門活塞)壞了。次日新聞報導證實了阿寶的猜測，的確是五輕工廠的粗裂解汽油槽故障，導致油氣外洩。換句話說，我的田野偶遇其實是後勁一整個世代的尋常經驗，就像那幾座燃燒塔的常燃火焰所襯出的橘紅色夜空，煉油廠的存在，構築了後勁奇異的污染地景。

聚落地景

在地方行政體系中，「後勁」包括了高雄市楠梓區的金田、稔田、玉屏、錦屏、瑞屏五里，但當地人俗稱的「後勁舊部落」或「社裡」，指的則是被加昌路、後昌路及學專路所包圍的五邊形地帶。聚落的東、南面緊臨中油高雄煉油總廠廠區，西側與中油高廠的職工宿舍比鄰而居，就像居民所說，後勁「被中油夾的死死的」，沒辦法發展。高雄捷運通車以後，雖然拉近了後勁與高雄市中心的交通距離，但五十歲以上的居民仍以「後勁人」而非「高雄人」自稱，顯見在他們心中，後勁仍是後勁，是一個在都市化帶來的流動與裂解中，依然堅持做自己的古老聚落。

後勁人原本擁有北高雄最優質的農田與地下水源，但一九三六年日本海軍為了在半屏山麓建造第六燃料廠，大量收購農地；戰後，這些日軍事設施由國民黨官員接收，一九四六年中油高雄煉油總廠重新運作，工業成為此地區的發展主軸。一九六八年，台灣第一座輕油裂解廠完工，正式開啟了台灣的「石化工業起飛期」。位於瑞屏里的台糖甘蔗田被規畫為台灣規模最大的加工出口區，在一九七四年開始營運。在此期間，鄰近的大社、仁武也都成立了工業區，石化中下游產業的整合，使高雄煉油廠為台灣的石化龍頭。但污染的外部成本快速增加，受害者長期累積的民怨終在一九八七年夏季爆發，導致了長達三年的反五輕運動。

青春少年兄

一九八七年六月下旬，台灣戒嚴體制進入尾聲，後勁街頭出現幾個三十多歲的熱血青年，在菜市場散發傳單，反對剛宣布建廠計畫的第五輕油裂解廠，同時也向「社裡」那些替黨營事業歌功頌德的地方士紳嗆聲。這項行動原本無人看好，這些年輕人被圍觀居民奚落：「對方可是中油呢！憑你們幾個少年家就想拿他怎麼樣嗎？」但年長者眼中的莽撞之舉，卻開啟了長達三年的反五輕抗爭傳奇，創下許多「台灣第一」的先例。到了一九九〇年九月，五輕在行政院長、經濟部長，以及鎮暴部隊的護航之下動工，但後勁人三年抗爭並非全無收穫，除了十五億回饋基金，更重要的是換到中油高廠二十五年遷廠的承諾。

劉永鈴是這場傳奇性草根運動的靈魂人物，只有國中學歷的他，以手寫的傳單開啟了台灣第一宗民眾長期對抗國營企業的實例。永鈴的樣子跟當時媒體塑造的「環保英雄」或「環保流

高雄
石化產業分布

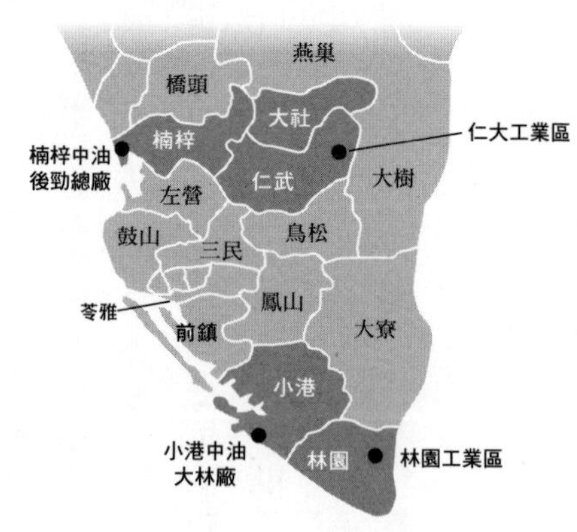

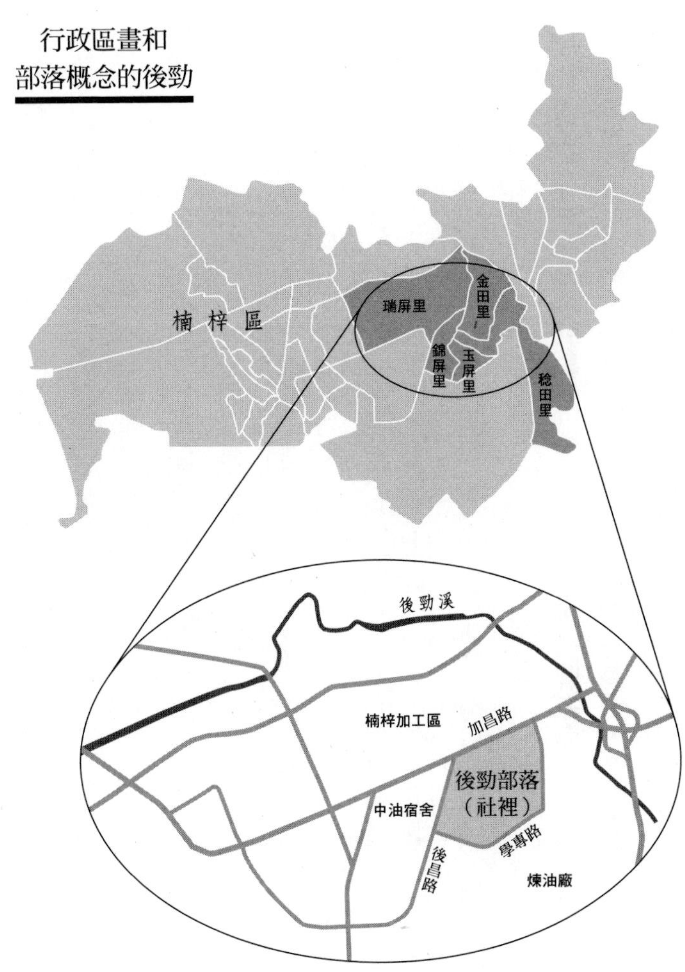
行政區畫和
部落概念的後勁
楠梓區
瑞屏里
金田里
錦屏里
玉屏里
稔田里
後勁溪
楠梓加工區
加昌路
後勁部落
（社裡）
中油宿舍
後昌路
學專路
煉油廠

氓」形象完全不符，矮小的他雖然煙酒不斷，但有著一種安靜的氣質，不太說話；雖然是運動組織的核心，但他幾乎不上舞台。他說：「我向來都是在幕後的，照顧那些別人沒有注意到的雜務，喜歡上台講話的人那麼多，又不缺我一個，等到運動久了，其他人累了倦了，我再出來接班，直到他們回復精力為止。」劉永鈴一直認為做「公事」是奉獻，不該拿錢，他把原本生意興隆的店面關起來，全心反五輕，不但沒領薪水，還為這個運動散盡家產，甚至嚴詞拒絕廠方屢次提供的生意機會。其實抗爭經過半年，原本激昂的民氣就有點潰散了，都是永鈴堅持不談判、不妥協，才使它沒有像當時絕大多數的反污染自力救濟一樣，以數人頭的金錢賠償草草落幕。

一九八〇年代末期正是「台灣錢淹腳目」的年代，新台幣持續升值吸引了大量熱錢，造成土地價格快速飆漲。地方社會中稍有祖產的男性都能過得悠遊自在，泡茶聊天似乎就是他們最重要的工作內容，但反污染自力救濟運動得以在解嚴前後遍地開花，多半要歸功於這些鎮日泡茶聊天的青壯男子。

這群男子與他們務農的父母輩一樣，大半生得不到國家福利體系的奧援，靠的是自家辛勤累積的土地與家產，以及世代經營的綿密人情網絡。他們並不貧窮，多半有幾棟房子，一小塊土地；也不像他們的姊妹們到了一定年紀就必須外嫁。這群人從小到大離不開家園，跟著幼時同伴一起，一輩子待在同一個地方。少數叛逆些的曾經想過離開：「我在青少年的時候，就有一股很強的潛意識，以後一定要離開這個鬼地方到外面去。但離開了之後還是又回來，因為朋友啦親戚啦都在這兒，土地在這裡，根本走不開。」就這樣，一群從小厮混的朋友，從三十歲泡茶到五、六十歲，構築深厚的人情基礎，也形成在地抗爭的核心主力。

從青年到耆老——走了半輩子的抗爭路

污染不只是環境議題，更是社會議題，涉及到空間權力的建置與公衛資源的分配；污染的效應，則會影響經濟資本的流動與再分配。後勁這個五角形的聚落有三面緊鄰煉油廠，二十年來，當北高雄其他區域快速發展的同時，後勁主要街道卻大多維持原貌。我的後勁朋友常面帶苦笑地說：「全高雄最落後的就是這裡」、「都被中油夾的死死的，沒有發展空間」。因為環境問題，即使高捷在此設站，對於聚落內的房地產價格並無助益。根據後勁基金會所提供的資料，過去二十年來，後勁當地罹患癌症及癌症致死的比例，都比其他地區高。

從我個人的經驗來解讀這些數據，看到的是一個個舊識面孔逐漸消失。從一九九〇年到二〇一〇年，後勁經歷了一整個世代轉替，抗爭照片中那些手持「怨」、「我愛後勁不要五輕」標語，頭戴斗笠的老人們，大都在六、七十歲時就離開人世，永鈴也在二〇〇九年突然住院，雖然順利康復，但讓我後來聯絡他時，都很擔心手機裡會傳來「你所撥的電話是空號」的語音訊息。就收入及資產而論，大多數的後勁居民並不能算是弱勢階級，但長期的工業污染讓他們的居住環境落入都市底層，他們的健康，也如底層階級一樣地飄搖。

舊部落的居民，自有一套解讀國家石化政策的方式與語彙。他們說，煉油廠這幾十年來的做法，就是要慢慢擴大，要逼後勁人離開。而國民黨如果真的要長久經營這塊土地，一定要圈住污染性工業，怎麼能像前陣子報紙說的，五輕在後勁，六輕在雲林，七輕在台南，八輕在屏東，還有九輕十輕要放在花蓮台東，這樣豈不是把整個台灣島都變髒了。

對於污染的記憶機制，是一個集體的社會過程，過往的工安事件、因癌症逝去的老鄰居生平，都在茶棚、廟前、菜市場的日常交談中不斷重述、持續共振。後勁人對於國民黨的負面記憶如此深刻，即使該黨在高雄市長期在野，對他們而言，這個黨還是貪污、權貴，與污染源的化身，然而另一黨卻不斷地在背棄他們的信任與最素樸的支持。一位報導人說，最先提出讓工廠就地轉型、不要遷廠的，並不是國民黨；尤其讓他們失望的是，一些過去在野時反五輕，當官之後就主張經濟為重的學者官員。但即便如此，後勁人並不會放棄對於本土政黨的支持，像永鈴在我數次挑釁式的問話之後，不得不承認政黨輪替並不能解決所有問題，「但不投給他們難道要投給國民黨嗎？」這是他永遠不可能想像的選項。

幾位曾是反五輕要角、至今已邁入熟年期的後勁朋友，逐漸放下了年少輕狂，以一個更寬容的角度來觀照纏繞他們半生的污染經驗。已經茹素多年的蔡朝鵬先生就說，煉油廠是後勁人的共業，「我們可能會產生共同的因果，萬一煉油廠爆炸，就是後勁這個社區要去共同承受。這個業是後勁人要修的，要共同努力。」我不禁問：「但是這個業要修到何時才能了結啊？」蔡先生說，「這就看政府當年承諾的廿五年到了，到了民國一〇四年，這個共業能不能結束，由我們這一代結束。重要的是大家要團結，如果社裡團結起來，中油是絕對不可能賴著不走的。」

在團結保鄉的共同心聲中，後勁自二〇一〇年起，每年九月二十一日定期舉辦反五輕紀念晚會及遊行，除了紀念過往的抗爭經驗，更重要的是宣示社區「堅持遷廠，絕不妥協」的決心。每年的晚會都有數千位居民報名參加，廟前廣場人聲沸騰，旗幟飛揚，已經成為聚落最重要的新創傳統。當年在菜市場發反五輕傳單的少年人現已頭髮花白，但仍是晚會活動最堅定的參與者。這群豎下台灣環境運動里程碑的反五輕健將，從「環保是圓是扁都不知道」，到現在可以對各種石化污染知識侃侃而談，靠的是一股對鄉土義理、大是大非的堅持。也因為這一世代長久以來的相對剝奪感，他們的社區意識濃厚，熱心公事，為的都是讓下一代能過比較好的日子，不要再受這一代所承受的「業」之苦難。

時任後勁社會福利基金會副董事長的鄭懷仁先生，在二〇一三年反五輕廿三週年紀念晚會上曾有如此感動全場的告白：「我對孫女承諾，中油關廠之後，我要帶著她去煉油廠裡看星星。」想像一個草木鬱鬱、溪水悠悠、晚間沒有燃燒塔火焰光害的工業遺址生態公園，這是後勁居民大半輩子努力之下應得的補償，也是我們台灣所有公民在享受經濟成長果實之餘，必須對於工業區受害居民所做的回報。

後記：原先，仁大石化工業區內的廠商擔心五輕遷廠將使原料取得成本提高，積極向政府遊說，採用「公辦民營」方式，既可實現中油五輕關廠的「政治承諾」，又可讓五輕續留高雄。

但二〇一四年高雄氣爆發生，讓高雄的未來獲得更多省思的空間，加上環保團體的努力，目前已處於停工狀態，且中油不再備料，也不再購入維修零件耗材。預計到二〇一五年十一月，將關閉區內所有工廠。

災難是一面照妖鏡

郭佩宜

中央研究院民族學研究所副研究員

研究環繞大洋洲與南島，尤其是歷史的和當代的人與人、人與物的複雜關係。人類學家面臨的挑戰是理解與再呈現複雜，並於動態的複雜世界中找到安身立命之道。

許多科學研究指出，全球進入了極端氣候——夏天的熱浪更熱，冬季的暴風雪更猛，颱風規模升級，降雨兩極化，整年份的雨量在幾天內落下造成水災，另一季卻久旱無甘霖。面對災難時如果只停留在頭痛醫頭、腳痛醫腳，將陷入惡性循環。其實每一次災難，都只是一個徵兆，提醒我們有那些沉痾需要處理。而災難也是一面照妖鏡，照出社會結構的緊張與不平等，彰顯不同文化的模式，也反景出歷史的記憶與層疊的連帶。災難讓我們透視不同價值觀的矛盾——或許是價值觀間的（樂觀來看）「對話」和「協商」，或是（比較赤裸裸的）衝突和政治角力。

沒有正義的「共業」

二〇一一年三月日本發生地震海嘯後，從燃料棒溫度過高到輻射外洩，福島第一核電廠一直處於核子危機；繼三哩島和車諾比，核能再次因為重大事故而成為舉世關注的焦點。隔年三月，在台北舉行的反核遊行中，有團體在路邊舉著「藍綠共業」的抗議海報——然而，以此框架來理解台灣的核能問題是自我設限。

反核運動不能遺忘歷史。國民黨長期以來擁抱核電和經濟至上的價值觀形塑了今日台灣能源景觀，二〇〇八年該黨再次全面執政後，即使發生日本核災也不願放棄核電。民進黨長期反核，然而扁政府在國民黨掌握國會的情況下，無法提出解套方法而對核四妥協，也的確令人失望。以「藍綠共業」來描述台灣的核能困境因而會有幾個問題，首先，各政黨對於非核家園的政策與光譜分布顯而易見，以「藍綠共業」各打五十大板只是假中立不沾鍋罷了。再者，此說視野還停留在國內——然而核子工業、核污染的環境問題其實是全球性的。進一步而言，「共業說」如果不深究細節，容易被繼續蔓延「共業」範圍，衍生成人人有責；失當的隱喻容易把責任扁平化、大量稀釋，甚至有模糊環境正義問題的危險。

核能逐漸成為全球性工業，核災的輻射塵也很「全球化」，車諾比災變後除了烏克蘭受到大面積污染，整個歐洲都飄散著輻射塵，甚至飄至蘇格蘭隨大雨落下。福島核變後輻射塵飄洋過海，排入太平洋的污水，更不知隨著洋流將橫跨多廣多深多久。全球化的人群流動，食物的跨國消費，加上漫長的輻射半衰期，使得無論是車諾比對歐洲土地的後遺症，或福島事件對農業與海洋食物鏈的影響，甚或更早核子試爆的殘留，影響擴及全球；全球人類共同承擔了這些「單獨一件」在檢驗時，顯示「不對人體健康有威脅」的「微量」輻射累積之害。

核子問題之外，全球諸多災難明白地昭示人類是命運共同體。地震與相伴隨的海嘯短時間內跨洋連動；在氣候變遷趨勢下，部分太平洋島國受海平面上升威脅；台灣、澳洲都經歷過短期內破紀錄大雨的水患，還有歐洲和美國出現不斷升級的熱浪和大風雪，在在顯示我們都在同一艘船上。

然而這些全球共同承擔的環境問題，若以「共業說」比擬，其實掩藏了社會結構下的諸多問題，有文過飾非的危險。揮霍能源和物資、建造高排碳工廠、發展核工業，擷取大量財富的金字塔頂層，與負責核電廠高輻射工作的契約外包臨時工、福島災後甲狀腺異常的兒童、長期投身環保工作的社運工作者，難道該承擔一樣的責任嗎？的確，全球環境問題每個人或多或少都有內疚之處（尤其是對物質的欲望），但其間有巨大的差異性。面對「共業」的提醒，有良心的人充滿歉疚，貪婪的人繼續不思反省，不但搭便車甚且更容易躲藏。一句「共業」只是拉大分母，扁平化曲線，甚且可能模糊了該咎責的對象。結果就和現在的「環保措施」一樣——良善的人民節能省碳，政府甚至環保署繼續幫高碳產業護航，減碳的實質效益杯水車薪。

「造業有業報」，這個宗教比喻也意涵了因果循環。然而災難受苦的多寡，不但與造業多寡不成正比，而且還時常成反比！美國卡崔娜風災中，來不及逃生的是底層的非裔美人，災後獲得保險賠償、迅速復原的則是有錢人；八八風災受害最多的是原鄉部落；日本海嘯吞噬的是海邊的漁村；歐美熱浪或暴風雪中死亡的有許多是貧窮老人。災難研究中以「脆弱性」（vulnerability）的概念來說明，社會結構的不平等，會造成不同人群面臨災難時可能受苦程度的差異。環境正義很容易在「共業說」裡面被吞噬掉了。

災難總是「打在痛處」

我們經常在媒體報導上看到災難發生後，有些地方出現趁火打劫現象（如幾年前的海地與智利）；相反的，日本三一一災後不但沒有搶劫商店的情況，災民井然有序，其合群的民族性為世人稱道。然而日本在一九二三年的關東大地震後卻曾發生謠言散播和仇殺韓裔的不幸事件，這個矛盾顯然不能以「民族性」來解釋。

諸多研究顯示，災難發生時人們多半同舟共濟，相互扶持，充滿同胞愛，趁火打劫只是少數案例。若先擱置道德譴責，會發現少數失控的情況其實反映的是日常生活中累積的夙怨——無論是階級不平等，或族群關係的緊張，或兩者的重疊——在動盪的時刻尋求發洩的出口。一九二三年的日本社會，日人與韓裔的族群關係充滿不信任、衝突和緊張，大地震之後受到謠言的煽動，一觸即發釀成不幸事件；反觀今日，日本社會的族群問題沒有那麼尖銳，災區的階級問題或許也沒那麼嚴重。被透鏡「照」出來的，反而是台灣和中國少數的仇日言論。（另一個角度來看，熱情的捐款則反映了台灣人對日本的特殊歷史情感。）台灣近年的災難經驗中也多半沒有「趁火打劫」的情況，顯示內部的階級和族群結構關係不至過於緊張，這是我們需要珍惜的地方。

災後進入第二階段，情況就不太一樣了。此時災難造成的影響餘波盪漾、外界援助進入，人們開始歸咎找黑羊——是天災還是人禍？政府是否救援不力……等等；援助者也從原來緊急救難與同情心態，轉換為分配資源、套用官僚規則的工作。原本內部的階級、族群衝突往往會在此時浮現，文化和價值觀的差異也會突顯出來。例如八八風災後一些科學家、官員和慈濟力主遷村，與原住民的土地情感與認同相牴觸，引發許多爭議。如同災難人類學家奧立佛－史密斯（Anthony Oliver-Smith）與霍夫曼（Susanna Hoffman）所說，災難脫離了日常生活軌道，等於開了一扇窗，揭示「深層社會文法」（deeper social grammar），讓我們更能看見社會關係與權力分布，也更能看見人與地方、文化與自然的種種連結關係。

風險管理、監測／預警的「文化」

如果說，從跨文化比較中可以看到一個尺度比較大的「全球性文化」在災難場域運作，那麼除了災難的全球性，以及救災賑災的全球化之外，至少還有一種越來越「興盛」的產業文化——風險管理，或說是透過監看、預警系統來「面對災難」的文化。

南亞海嘯後，許多機構和政府砸下大筆經費建立「海嘯預警」系統，三一一日本地震與海嘯發生前，在當地有幾分鐘的預警；台灣以及太平洋諸國則是在日本地震發生後，普遍發出「海嘯預估在某時抵達某處」的預報。台灣近年也在許多山區建立了土石流監測系統，大雨預報時據以撤離某些地區的居民。福島核災之後，鄰國紛紛監測輻射值變化，科學家發布輻射塵的飄移路徑預測、公衛學家根據各地方監測的數字和氣象推估提供防護等級建議，而多國政府也表示將建立更多監測站：如台灣政府花了四點五億在宜蘭外海增加電纜，以設置更多地震儀和海嘯壓力計。

「監測」已經是當代日常生活的一部分了。人類科技發展過程中，越來越仰賴透過監測數字、抽象圖形、虛擬空間來處理、控制、理解（或更貼切的說，想像）災難。的確，「監測」讓我們能更廣更快的獲得資訊，並據以做出判斷，可以挽救許多人命。「監測」產生「科學數據」，降低對未知的恐慌、憂慮和謠言，也有安撫的功能。然而另一方面，以「監測」來面對大自然的文化，隱含了「科技拜物」的概念。面對「科學」、「現代性理性」的價值觀，以及「風險控管」等新興產業的崛起，我們需要戒慎恐懼。

數字化的「監測」是一種「遙研」（remote studies），過度仰賴可能阻撓我們看到事件的在地樣貌和深層結構，反而無助於發掘解決問題的關鍵。例如哈威爾（Emily Harwell）在印尼的研究發現，當官僚透過衛星等探測地表溫度圖來「監測」印尼森林大火，很輕易將之咎責於山田燒墾的原住民；然而實際上傳統山田燒墾所占面積極少，也很少引起火災，反而是經濟作物的種植（牽涉到跨國企業與國內資本家和官員的共勾結構）才是森林大火的起因。遠遠地看著溫度變化圖讓官僚結構「自我安慰」，或表演有在做事，或自以為掌握了災難的訊息，卻無法真正解決問題。

另一方面，狼來了的警示——或更進一步說，科技掌控（或根本無力掌控）的幻覺——讓人們麻木。看到輻射監測數字顯示台灣暫無健康危險，許多人鬆了一口氣；看到政府增加設置監測點，也讓很多人安心——然後繼續過一樣的生活，災難的風險似乎被「管理」了。（諷刺的是，前述宜蘭海底電纜設置，後來被揪出該電纜壞損快一年，根本沒有作用，監測只是幻象。）當代「風險管理」成為一種產業，已經出現很多問題——金融風暴中破產的銀行其實都有「風險控管」，出事的核電廠興建之前不也都有風險評估（而且都計算出極低的發生機率）？然而風險模型設計本身永遠不可能完美，太多外部因素（無論新舊）都非模型可以處理，機率極低的事情發生了，並非因為倒楣不巧，而是出現了「模型範圍外的事件」。

人類學家瑪麗・道格拉斯（Mary Douglas）指出何者為風險、風險如何排序、如何可被控制，其實是集體建構，並受到文化概念的制約。我們需要洞悉前述風險管理與監測背後的文化邏輯，尤其是其中隱含的人類（科技）與自然的關係模型：人類對於掌控大自然的能力過度自信，核能即是一例。人類為了經濟或戰爭的目的使用核能，然而，製造核分裂／融合這種不穩定的狀態，無論目的為何，都是在走險棋——人類自信能夠全知全能的預測、操控核燃料，實乃虛妄。

手塚治虫的知名動漫作品《小白獅王》（ジャングル大帝，又譯「森林大帝」）描述諸多物種在人類破壞環境後瀕臨絕種，科學家創造人造森林，透過監測、管理移殖野生動物，企圖復育甚至創造新的生物，然而最終證明「play God」是一件危險而注定失敗的妄想。這部動漫作品直接戳破全能科技和風險管理的神話；最近發生的諸多災難也一樣，我們在鏡中看見人類發展模式的癥結。

攬鏡自照，我們是要繼續安逸麻木，還是勇於改變？

芭樂人類學

PART 5

芭樂的異想世界

• • • •

人類學有實證研究的面向，但也十分重視人們對事物的詮釋、
現象的意義、懷抱的價值觀，和對世界的想像。
以經濟為例，人類學家眼中的經濟即是生活，
是一種價值觀選擇，無法被一堆專家和專業名詞定義與壟斷，
也無法與其他社會層面切割。面對新時代的挑戰，
人類學家分析問題背後的預設——無論是資本、貿易、土地、生命、
國家之間串起來的意義之網，或不同行動者的社會想像差異，
以及權力關係。同時，透過對文化多樣性的理解，
人類學家也忍不住探究主流之外的另類可能。

• • • •

台灣vs.香港。雙城記！一個故事？

容邵武

暨南大學東南亞學系
人類學碩士班副教授

從對國家法律的研究出發，現在也關心在地經濟議題；從對台灣社區研究出發，現在也於香港新界田野調查，期望日後做出比較性研究；從硬梆梆的學術問題出發，現在也關心公共的芭樂現象。

我們常聽說一國一地的問題，但很難只是將其侷限在一國一地的領土疆界裡，它們都和全球化社會出現的現象有關。但是這個平鋪直述的學術用語卻在台灣二〇一四年反服貿運動中，給了我具體的感受。自從三月反服貿學生占領立法院之後，我觀看香港的幾個網路平台，充滿了「今日的台灣，明天的香港」，或「今日的香港，明天的台灣」的嘆息或打氣或自我探索，這時候港台的相互照看真的很難只是將其侷限在一國一地的領土疆界裡。

先說二〇一一年夏天，悶熱的香港島有則新聞：中國國務院港澳辦主任王光亞在接待香港到訪的大學生時，談及有關香港公務員的三個情況，包括：一、香港「成也英國，敗也英國」；二、香港公務員只會執行，回歸後卻「不知道怎樣當Boss（老闆）、怎樣當個Master（主人）」；三、香港公務員缺乏長遠規畫視野。（參閱二〇一一年七月二十七日香港《明報》）

我最初困惑港澳辦主任何許人也，如何可以像是主人般地總結香港政府的表現。當我持續注意這個事件，發現關於「成也英國，敗也英國」的各式正、反回應裡，倒是有一個相同點：香港公務員水準很高，或是香港政府「效率」很高、執行力很強，即使是提出批評的中國中央高層王光亞也不否認這一點。只不過王光亞的重點是香港政府守成有餘，開創不足。接著這個大家有共識的論點衍生出來的結論，就是香港能夠成為今天的香港——一個國際化繁榮的現代都會，英國殖民時期所創建的政府體制居功厥偉，各方似乎也都同意這個論述。

事實上，當一九八〇年代中英談判香港回歸，中國政府保證維持原有的資本主義和生活方式，五十年不變的一國二制，這不僅是要安定香港人心，更是要以成功的香港模式成為引領八〇年代正要開始改革開放的中國的模範。顯然，這個大部分香港人和中國政府都認可的香港經驗或發展模式是成功的，只是它目前面臨的新情勢，使得眾人對於它未來的走向保持不同的期許和評價。那麼香港模式面臨什麼樣的新情勢呢？

政治歸政治、經濟歸經濟？

以王光亞的話來說，當前香港存在著將經濟、社會、民生問題都當成政治問題處理的現象，把所有問題都「政治化」，這不利於香港的長遠發展（出處同前述《明報》）。所謂「政治化」各種問題的方式，很清楚的就是指香港不斷出現「抗議」活動。舉其大者，二〇〇五年港島舊區重建，爆發留守灣仔利東街行動；二〇〇六年因中環填海工程，出現捍衛天星碼頭運動、接著是比鄰的皇后碼頭；二〇〇九年開始的菜園村反高鐵運動，以及目前仍持續發酵的反對新界東北開發。這些都是因為「開發」徵地所出現的抗議活動，而香港房地產以及其對土地利用的規畫一向被認為是成功香港模式的火車頭。如果再加上和土地開發無關的二〇〇三年SARS危機、二〇〇三年七月一日五十萬人上街抗議特區政府推動《基本法》二十三條立法（即所謂維護國家安全法）、二〇一二年的反國民教育等；二〇一四年下半年更有占滿全球媒體版面、爭取「真普選」的雨傘運動。在王光亞等的論述裡，那些抗議經濟、土地開發的社會運動將所有問題「政治化」，而香港政府處理社會逐漸「政治化」趨勢的魄力不足，因此難以保證維持成功的香港模式。

這種話語的基本結構最近是不是也常常出現在台灣主流媒體？這種論調以各種方式指責占領政府場所的學生與群眾，迂迴地敘述「『發展』的道理是往前看vs.（混亂）政治是倒退的」、「經濟是理性與帶來繁榮的vs.抗議是情緒與帶來動亂的」。讓我們暫時撇開所有政權都會指責抗議者把事情「政治化」、破壞秩序、不遵守現行法律、違背民主原則等等話語，反而是一般大眾的態度，人民似乎相信經濟歸經濟，政治歸政治（甚至是相信當代的政治是要為經濟服務的），特別是相信（或至少是個理想）市場可以自律，越是沒有外力干擾的自由透明市場，越有自我調整、將利益極大化的功能。

這個自由市場的神話已經有太多的作品指出其虛幻性，也就是市場自主的神話是如何依賴政治體制的問題；即使我們退一萬步，假設真的在某時某刻存在這個理想的自由透明市場，這個自由市場能帶來利益的極大化（誰會得利也是個關鍵的問題），我們仍然需要認真對待其可能帶來的破壞性。

經濟史學家博蘭尼（Karl Polanyi）在《鉅變》（*The Great Transformation*）這本經濟人類學的經典中提到，人類社會的經濟行為從來都是「鑲嵌」（embedded）在社會體系裡，只有近代的資本主義經濟行為是「去鑲嵌」（dis-embedded）或是脫離社會體系，並且試圖以其自由市場邏輯涵括整個社會體系。簡單來說，如同大部分人類學家所採取的觀點，博蘭尼認為人類社會中人與人的互動，其實是產生社會義務的網絡，人們的行為以完成符合其社會角色被賦予的期待為首要考量，而不將追求純粹的利益當成是行為的主要動機；也就是說，有一套核心概念全貌性（holistic）地涵蓋了所有的社會關係，包括了自己和他人、道德、經濟的行為。

因此，相對於近代的資本主義社會，以往人類社會的「經濟」行為，其實也只不過是人們實行他們所處社會位置的行動之一，仍然關連到宗教、義務、道德、親屬等等關係，並沒有分化出來，而是被包含、鑲嵌在其中。

○「沒有社會這回事」？

另一方面，資本主義把累積財富當成社會構成的目的，社會本身也只不過是眾多追求自己極大利益的個人的集合體。前英國首相柴契爾夫人的名言，「沒有社會這回事」（there is no such thing as society），正是此種思維最極端又悚慄的顯現；也就是說社會是不存在的，個人為追求自己的極大利益是可以凌駕社會之上，無需受到社會制約。經濟做為一種社會制度遂獨立，甚至超越了其他的社會制度，或是其他社會制度只是為了完成經濟目的而存在。

在這個過程裡，資本主義創造了許多虛假（fictitious）商品，例如土地、金錢等，它們之所以虛假，是因為它們被創造成彷彿只需要依照市場體系與邏輯計算就可以定出一個價格，而無須計較其他社會層面因此必須付出的代價。於是此一資本主義經濟開始帶來雙重的運動，一方面市場不斷想要脫離社會體系以及將其他社會體系的事物創造成虛假的商品；另一方面更關鍵的是，社會不斷出現自我防護動作，同時要防衛社會「珍貴」、「神聖」的事物不變成商品，保護社會不致因為弱肉強食的自由競爭而充滿矛盾甚至衝突。

博蘭尼指出資本主義一次次的危機正是這雙重運動衝突後、無法解消其中矛盾的產物，儘管這些矛盾常需數年以至於數十年的累積才可能出現。博蘭尼還說，這雙重運動可以透過民主政治過程，重新（至少暫時）整合與調整到一個適當的狀況。然而，我不完全同意他的看法，因為典型的代議民主無法調合經濟發展與經濟正義的問題，更別提台灣這個充滿政治分贓、近似肉桶（pork-barrel）的代議民主。

我們可以說晚近二十年來由於這一波新自由主義，帶來經濟結構重組以及國家管治的困難，社會自我防護的動作只會更多，不會更少。香港和台灣不斷出現的「抗議」活動，從土地、環境到貧富差距、世代正義等等，正是社會自我防護的動作。而台灣反服貿學生占領立法院之後，把立法院的幾個入口封住，對我而言象徵性地把資本主義的不斷入侵阻擋在外，把社會（需要正視或重建）的價值防護起來。因此，這些「抗議」活動不僅不是不正常、失序混亂，「抗議」本身只是一個表象，一個被各方以各種範疇定義的行動，它們其實是重整新社會秩序的行動。那些動輒指責社會防衛動作為「政治化」的論述，其實也只是以市場的神話要求所有的社會生活聽從經濟邏輯，不要干擾資本主義經濟行為去鑲嵌的邏輯。

台灣不該只有一個（資本）故事

資本主義最擅長也最喜歡把所有的人、事、物，如同上述博蘭尼所說的，都轉換成可以計算的商品，以致於可以用簡單清楚的數字，讓人、事、物被定價、被交換。晚近的新自由主義更想把時間、空間都弄成同質，或是把原有豐富、異質的時間、空間，壓縮成沒有意義的時空；沒有意義的時空變成資本流通的介面，甚至時間、空間本身變成可以競逐的商品。於是，資本或是抹去時間裡、空間中原本存在的故事，或是重新創造時間、空間，投射一個彷彿天堂的烏托邦。資本的流通與累積需要快速和穩定，速度和穩定度需要貨品、人員、資金能夠無縫地在時間和空間裡流動；越是無縫有效率地穿梭在時間和空間裡，資本累積的效率和效益越大。

先讓我們看看香港的狀況。我看到二十一世紀的香港新界模仿不少大城市，如紐約、倫敦等地，發展都市農業。原因是發展農業不單能使當地居民自給自足，亦能善用廚餘，把廢物變肥料。另外，生態保育也是保護農地的主要目的。例如目前最出名的社區農業「馬屎埔農場」（馬寶寶社區農場）便孕育了不同品種的雀鳥、昆蟲，而這些珍貴天然資源是無價的。但是在香港主流論述裡，這些現象被當成抗拒香港發展，特別是阻礙香港經濟命脈房地產的發展；在興建住宅、商業用地都不夠的情況下，怎麼還有可能讓綠色經濟、社區農業占有珍貴而稀少的土地資源？同時社區農業支持者常常和抗議活動相連，把經濟問題政治化，帶來香港社會的不安。

然而，對我而言，這些現象交織著對國家、族群、家庭的想像，既具保守性也有衝突的張力。它們可以是一種新的公民方案，目的是對抗政府的霸權和市場力量。當資本越要抹去時空原來多層次的意義，以及人們創發時空的新想像時，我們更要不斷地訴說這裡不是一塊空地，不該只有一個（資本）故事，這裡已經有自己的故事，而且未來還應該有更多不同的故事。

在這個依靠國家與市場的經濟發展模式之外，台灣各地也出現了「在地經濟」、「創新經濟」、「綠色經濟」，可概稱此第三趨勢為社群模式：透過在地社群成員的互動，達到資源的開發與使用。亦即，在地社群成員發展出自我治理的制度，透過合作來克服社會困境，包括新的人、事、土地的動員連結。這些新的當地產業與經濟形態，又進一步影響地方人民與土地的情感、勞動關係、甚至價值觀感。「在地經濟」、「創新經濟」、「綠色經濟」的特色在於鼓勵並授權地方成員參與，有效動員成員的「在地知識」（local knowledge），提升成員的信任感與責任感。

資本支持者許諾的繁榮未來，其實是建立在人們的恐懼之上，訴諸落後、停滯、鎖國的措詞；當資本的支持者強調把世界和台灣接連在一起，讓我們走出去，讓別人走進來，它其實是一個單一的故事，資本的故事！當人們反對新自由主義無限制的掠奪時，正是在對社會（時間、空間、人、事、物）的意義進行爭奪。

自由市場與個人自由的兩難情愫

鄭瑋寧

中央研究院
民族學研究所
助研究員

主攻工作、資本主義、新自由主義以及人觀性別與親屬等課題。最近踏上本體論轉向，思索情感、存在和欲望的意義。

從服務貿易協定、貨品貿易協議乃至於台灣政界開始期待的「跨太平洋戰略經濟夥伴關係協議」（The Trans-Pacific Partnership，TPP）該如何簽訂的爭議，其背後皆涉及不同政治立場對於與不同國家簽署貿易協定，來取得台灣在國際地緣政治位置中的戰略地位。但所有的政治言說與論述，其實都迴避了一個關鍵問題：將台灣建立成一個更自由開放的市場，是否是經濟發展的唯一出路？為什麼人們會以自由市場做為我們對美好社會與未來的意象？

自由市場的完美意象

亞當斯密於十八世紀提出以自由市場做為經濟運作模式，自由市場是一個政治無法介入的新場域，各人與各國依照產業優勢進行分工，透過交易以互通有無，彼此嵌合，確立並繁衍經濟與社會一體的網絡。在這個立基於交易的社會模式中，國家政治力量將無用武之地。事實上亞當斯密提出自由市場的社會模式，或多或少批判了當時英國王權的宰制。即使在新自由主義化之前的台灣，自由市場的意象尤其展現了難以抗拒的魔力。

首先，在黨國資本主義的威權體制下，資本自由流動與自由市場往往等同於擺脫國家威權，卻很少人注意到資本自由流動可能帶來階級分化之後果。其次，對多數台灣人而言，經濟生活幾乎是資本主義的同義詞，並體現了社會學家謝國雄所謂的「純勞動」邏輯——勞動成果與工資間的交換一如商品間的等價交換，而自由市場的意象提供了個人有機會和更多的虛擬他者進行交換以實現利潤的想像空間。在自由市場上，不論出身高低，個人只要憑藉能力與努力，即可一展身手。

事實上，目前檯面上強力支持自由市場的論述所具備的共同特色是：只要個人能力強、商品有獨特性，自然可以在高度競爭的市場中存活。自由市場被認為是自外於政府干預才得以自主運作，其理想是讓所有人各憑本事公平競爭，掙得應有的報酬。於是，市場上的成功被認為是個人才華與努力應得的結果，失敗則歸咎於個人欠缺才能、努力不足。這些強調個人能力與商品競爭力的論述，隱含了對於個人能力、有機會在（被想像出來的）新興市場中不斷成長、超越現況且毫無限制的樂觀，甚至連能否克服市場風險都被視為個人能力的指標。

在國家層次上，從金融市場的震盪到金融海嘯，主流經濟學家將這些當代經濟災難歸咎於政府介入或干預資本市場的走向，導致市場無法以內在機制達成供需均衡的理想狀態。由此，經濟政策的制訂者、統治者乃至於信服主流經濟學的常民都相信，一旦建立了完美的自由市場，所有真實世界的經濟問題與災難，都將迎刃而解。

自由市場是否真的存在？

對此，社會科學與非主流經濟學者不斷在反思：自由市場是否真的存在？在什麼樣的社會與歷史條件下，自由市場會被建構為足以實現個人自主與國家經濟繁榮的機制？

韓裔英國經濟學家張夏準指出，「自由市場是創造國家財富、促進經濟發展」的這一套說法，其實是英、美等富國所編織的神話。以英、美這兩個目前相當大的經濟體為例，自十八、十九世紀末資本主義擴張時期以來，他們為了保護自己的優勢產業，均實行關稅壁壘等保護政策，只有在自身不特別擅長的產業，開放一定程度的自由貿易，以確保其經濟優勢、乃至無可取代的位置。等到這些富國成為經濟強權後，他們卻以自由貿易理論來解釋自己成功的理由，並配合相關制度，向貧窮國家推銷這套經濟神話。

就此而言，自由市場是經濟成長的果，而不是因。我們可以說，自由市場其實是經濟強國自我證成的歷史敘事。

哈維（David Harvey）指出，一九七三年第二次石油危機以來，英美推行新自由主義化來解決資本主義利潤率下降、經濟衰退的問題，並透過國家力量排除自由貿易障礙，的確在短時間內達成經濟成長的效果。自由市場的論述，結合了國際貨幣基金組織

（IMF）、世界貿易組織（WTO）與世界銀行這三位一體的跨國經濟建制，利用金援向第三世界窮國推銷小政府與自由市場的想法，同時要求小國進行經濟結構的重新調整。

然而，從歷史發展過程來看，接受自由貿易協定的經濟小國，往往面臨經濟成果高度集中在少數資本家的後果。張夏準指出，與美國簽訂北美自由貿易協議（NAFTA）的墨西哥，在政策引入初期，的確造成國內經濟成長，將墨國電信鉅子推向世界級首富之列，卻也瓦解了墨國在進口替代工業化期間打下的經濟基礎，造成貧窮線以下的家戶日益增多；農業部門，特別是玉米生產，更因美國政府的農業補助而深受影響。

至於韓國這個被IMF打造成自由貿易神話範例，其實是依靠國家選擇發展優勢產業才得以成長。韓國在一九九七年金融風暴後，花了十來年才與美國簽署自由貿易協定（二〇一二年生效），然而在簽署的過程中，韓國政府一開始即選定要保護的產業。張夏準強調，韓國政府融合了保護政策與自由貿易，從而得以在國際貿易經濟治理中，找到自主發展空間。然而，張夏準未曾言明的是，韓國的經濟策略既創造了三星這類富可敵國、影響政治運作的財閥，卻也同時造成了韓國房價高漲、工作機會流失、薪資水平停滯的苦果。

相較於韓國政府在開放自由市場上的策略作為，基礎工業較弱的國家，如一九九〇年代開始實行自由貿易的辛巴威，因參與自由貿易使失業率高達百分之二十；再如象牙海岸降低關稅卻導致國內重要產業如化學、紡織、汽車等全盤崩潰。甚至，一九九五年，IMF促使海地將關稅由百分之三十五降至百分之三，造成泰國與美國稻米低價傾銷，充斥市場，仰賴耕稻賺取現金的海地人民無以為繼。自由貿易非但沒有如預期創造更多就業機會，甚至導致中下階層無法賺取足夠貨幣來購足日常生活所需。

由前述實行自由貿易國家的歷史經驗來看，兩個資本規模相去甚遠的國家簽署自由貿易協定時，資本規模較小的一方，往往難敵大資本主導的商業生產之低價傾銷。市場開放的確提供了多樣的商品選擇，但因為自由貿易而失去工作的人們，卻很可能喪失謀生能力，遑論選擇的自由。

其次，即使在看似自由貿易中獲利的國家（如韓國），其貿易自由化的策略並非毫無條件開放，而是以犧牲國內其他弱勢產業為代價，讓被國家挑選成為保護對象的產業得以發展。新自由主義的引入對整體經濟造成短多長空的發展趨勢，亦即，僅能在短時間內刺激經濟成長，時間一久，反而帶來整體經濟疲弱、貧富差距惡化、財富分配不均、生活水準和工資下降，以及失業率飆升等現象。

近來，連促成新自由主義全球化的重要推手之一的IMF都公開承認，新自由主義與自由貿易強調開放資本流動以獲取利潤，而後能涓滴分流使勞工獲利的經濟想像，實際上從未被實現，反而造成貧富差距日益懸殊。

經濟是個人的，還是社會的？

自由市場真的是更美好的社會？在這個想像的市場中，個人可以自由販賣勞動力與勞動成果，並享受應有的薪資。更關鍵的是，自由市場意象的建構，其實刻意掩蓋了結構力量的實相：資本家可以按照市場供需與成本考量，任意決定工資、工作時間、聘用期限、各項保險、傷殘給付（或完全不給付）。的確，我們都是市場上的自由人。然而，一般人很可能在受雇後，毫無預警地變成「免洗勞動力」。換言之，主張存在完全自律的自由市場，是一幅將國家與社會排除在外的烏托邦意象。

在資本主義仍舊是台灣社會普遍能接受的經濟邏輯情況下，沒有資本或生產工具的年輕人與社會底層階級，有沒有資格要求政府將他們藉經濟生活以求取安身立命之所在的未來，納入經濟治理當中？

人類學家米勒（Daniel Miller）認為資本主義社會中被異化為客體的個人，可藉商品消費以重新建構人的主體性。換言之，生產、交換、流通到消費等經濟過程，涉及了人類學家哈特（Keith Hart）所稱之「以人為本的經濟生活」（human economy）的社會想像與生命政治的問題。在此意義下，商品不再只是純粹的商品，而是蘊含了人們不可異化的未來；另一方面，透過消費來重新吸納主體性的另一面，意指在更寬廣的層次上，以個人能動與選擇的自由來繁衍商品所建構的世界。形貌看似未變，商品世界的意義卻已不再相似。

如果稱消費可以解決人類異化的問題，是否意味著行動者滿足於資本主義的既有邏輯？當然不是。消費是人們重新確認個人主體的經濟實踐，而非意味著他們無法看穿資本主義邏輯可能造成的惡果。在當代，這樣的意識與覺醒並非不存在。從個人主體性作為思考自由市場開放與否的問題，是一個關乎切身存在的起點，而非終點。從這個主體位置出發，我們究竟想往哪兒去？未來經濟生活的圖像，有怎樣的可能？在意識到個人主體性與存在的前提下，我們如何在社會／他者導向的經濟規範與實現個人自由的經濟生活中，切磋琢磨出願意彼此共同生活的藍圖？

在自由市場與個人自由的兩難情愫之下，人做為經濟行動者，同時體驗與認識到經濟深植於社會的底蘊，以及在既有的資本主義邏輯中尋獲自身存在意義的眾多可能。只有看穿個人經濟與社會經濟間的虛假對立，人做為行動者才可能在成就個人自由與主體的同時，不將他人當成手段，更視他人為目的。如此，我們才可能在個人彼此連結的經濟過程中，創造出未來經濟的整體圖像。

江芝華

台灣大學人類學系
助理教授

考古家，對於任何穿梭時空的「物」特別有興趣，質疑任何所謂「自古以來……」的說法。

關於一個社會的想像：全新的帢塔胡予克社會

考古學緣起於十九世紀，起始是西方國家對於自身社會發展的好奇，從議題的擬定即可反映出當時社會主流的思考模式。考古學也經常替其政權服務，強調西方文明的優越性，並認為分層清楚的國家體制，和追求效率、競爭的市場經濟，為人類社會發展的最佳途徑。考古學者透過生產各種「證據」來合理化及強化此一架構，卻也受限於此一邏輯，是以當代新興國家不斷利用各種考古資料，來論述其自身的優越性。因此，各種關於「最早」的發現成為新聞的頭條，如最早的農業、最早的城市、最早的陶器等等，都變成用來提升國家自信的工具。

不過，這個趨勢在二十世紀後期開始轉向。對自身學科的批判及來自世界各地的考古資料不斷出土，讓考古學者開始注意到人類社會發展的多元性及可能性，也意識到過去此論述架構的侷限性。近年來一個國際團隊在土耳其的研究便提供許多不同於以往的認知，給予其他社會發展的線索。

想像，顛覆，再想像

一九五〇年代末期由英國考古學家發現記錄，位於土耳其安那托利亞高原南部的帢塔胡予克（Çatalhöyük），是距今九千多年的新石器時代遺址，於一九六〇年代開始大面積的發掘。此遺址的特色在於出土了大量的家屋結構、室內葬及各種藝術成就，例如精美的壁畫及小型雕像等，在當時被稱為世界最早的城市遺址之一。其家屋內的壁畫更被視為世界早期藝術表現的經典，因而成為提供世界認識文明發展的重要遺址。

從遺址的面積、出土的遺物數量、家屋結構壁畫及室內葬等證據，當時的考古學家描繪出這個早期社會的簡單圖像。首先，根據這些證據，考古學家相信該社會具有相當的人口數，而為了支撐這樣的人口數量，應該具備高度發展的農業。從墓葬和壁畫，考古學家想像應有神殿和宗教儀式的存在；換言之，當時社會可能具有相當程度的社會分化，以維持社會秩序和大量非農人口的經濟生活。更特別的是，在此遺址中發現小型女性塑像，當時的考古學者以此當作證據，推測恰塔胡予克應是母系社會。

這樣的社會想像直到一九九三年，一群由世界各國的考古學家所組成團隊進入此一遺址重新進行發掘及研究，有了不同的詮釋觀點。他們強調尊重多元詮釋、反思性的發掘方法，以及對既有理論的批判性思考，透過新技術的運用與更精細的發掘策略，產生了與過往完全不同的理解和社會想像脈絡。

研究者透過動、植物遺留及人骨同位素分析研究，認為此一時期雖已有動、植物的栽培及馴養的經濟活動，但仍廣泛運用野生資源，例如附近沼澤地可取得的禽鳥類及水草資源等等。此外，由於可耕地及廣泛可用於馴養動物的空間距離遺址有數十公里的路程，加上壁畫中大量的狩獵場景，可以推測帕塔胡予克人可能更依賴自然環境資源的採集及狩獵，而非先前勾勒的「農業社會」。

針對遺址內家屋及聚落布局的重新研究，更駁斥了過去認為遺址內有專門的神殿建築的構想。根據遺址面積、家屋及遺物數量推測，當時至少超過數千人同時居住在此區域，但卻沒有任何證據顯示當時有清楚的空間分化現象，反而是每個家屋似乎都是一個獨立的社會群體，家屋與家屋間並無明顯的差異。家屋成員可能將死去的親人埋葬於家屋下方，從墓葬內人骨的分布及陪葬品的研究，發現並無清楚的性別差異；進一步的研究更顯示，不同性別間的飲食及工作無明顯差別，甚至在各性別的胸骨上都可見到相似的碳遺留，由於家屋內皆設有火塘，因此可以推測當時兩性在家屋內活動的時間長短似乎並無顯著的差異。

跳脫窠臼，新的人類社會觀點

在考古學既有的概念下，很難想像一個由數千人（最多時可能到達八千多人）所組成、長達千年的「農業」聚落內，卻無法見到清楚的社會階層化現象。除了世代居住在這個區域的居民，還可以見到外人遷徙加入這個社會運作的跡象，人的來源這麼繁雜，卻沒有清楚的證據顯示當時已有社會分化；同時，不論從單一家屋或者數個家屋來看，聚落和家屋在布置、分布上，也都看不到明顯的財富差異。相對地，家屋內空間配置上或許有些微的差異（例如火塘的位置、室內葬的位置等等），但是更值得注意的是家屋和家屋之間有分享空間和火塘的跡象，顯示了當時家屋之間有相當的合作關係。從這些證據建構出來的人類早期社會，完全顛覆了考古學家過去的論述，顯示舊有的論述已經無法提供任何可以理解這個社會的可能。

曾經我們相信農業和畜養的發展，是最具有經濟效益的生計方式，居住在恰塔胡予克的人群卻告訴我們，透過廣泛的攝食策略仍然可以支撐著大量的定居人口，農業顯然已經不是維持生活的必要條件。我們也曾相信，當人口數達到一定數量時，為了維持一定的社會秩序，社會劃分將成為必然結果，但恰塔胡予克用彼此之間千年來的互動反駁此種理論。新的證據顯示，屋內成員可能透過每日生活的實踐（例如食物的準備、共食、火塘的維護）、家屋的維護（各種清掃、修整甚至是重建）、死去親人的懷想及實際的儀式（室內葬儀、人骨的重新排列、頭骨的移除及人面塑像的製作），從而建構出成員彼此間的認同。而家屋與家屋間的成員則可能透過生活的共同參與（壁畫的主題、動、植物的遺留），公共空間利用的討論及設計（公共火塘、垃圾處理），形成共同生活的共識。

或許這樣的生活方式並未符合當代社會對於效率的追求，因為家屋內認同的形成需要長時間的生活實踐，而不同家屋間的相處則需要不同程度的討論及協商，勢必得花更多時間在處理不具經濟效益的活動上。然而，有趣的是，截至目前為止，考古家仍未找到證據顯示當時人與人之間有衝突的跡象。換言之，帢塔胡予克人可能真的在這樣的社會架構下持續存在了數千年。在有限的空間及資源環境下，帢塔胡予克人究竟是不是真的如目前證據所顯示，運用其社會機制，不需衝突而以社會群體間協調的共存方式所存在，帶給考古家無限的想像！

迥異於歷史學家運用古人記載的文字建構過去的社會，考古學家用過去人類生活遺留下來的物質線索，論述過去生活的狀態，並嘗試建構出人類社會發展過程的圖像。不同於其他人文學科，考古學家面對的常常是一較長時間片段的社會發展，可能是數十年、數百年甚至是數千年。我們一直思考的是：到底什麼是造成社會產生變化的因素？這變化的動態過程是什麼面貌？在這樣的變化過程中人類的生活又是如何？

過去對於社會的認識侷限於西方文明論述的架構，談到社會的發展，一定趨向階層化，因為符合治理的效益，社會才可以面對衝突，和諧運作；談到經濟生活，農業是人類社會最主要的發明，人類進入產食生活，食物的來源才可以較為穩定，甚至可以開始累積財富，彼此間的交換才有可能；談到性別，兩性的分工一定是社會發展的基礎，男主外，女主內，男性自然而然地與公共領域上的決策息息相關，而女性則在私領域內提供再生產的基礎，兩性間的生理再生產關係被過度強調，因為這才是人類社會綿延發展的基礎。

這些對於過去的想像其實反映的是當代西方價值系統的看法，經常沒有真正細緻的論證。若想理解過去人類的生活必須透過考古證據的驗證，加上批判式的資料分析，並對自身帶有的偏見不斷反思，才有可能完成。

帢塔胡予克的研究仍繼續進行中，考古學家在這個遺址持續嘗試理解這個社會的面貌，想要真正找出這個社會維持運作的重要機制。人類如何理解自身的存在？如何形成一個群體？如何意識到他人？如何與他人共處在同一空間內？無論如何，帢塔胡予克社會告訴我們人跟人之間關係的建構存在更多的可能，農業不必然是養活複雜社會的唯一選項，一個統治機制的存在並不是複雜社會組成的必要因素，人類生理性的差異亦非必然造成所謂性別的差異及分工。在帢塔胡予克的社會中，或許人與人之間必須花許多的時間在協調及合作上，但是卻可能是人類早期歷史上一個相對富足及平等的社會。

其實在二〇一四年三一八學運期間，也讓我們觀察到另一種形式的社會組織。當時從四方而來的學生及社會團體，為著各種訴求來到立法院前，不同的學校、公民團體及民間散戶形成多樣的群體，不同群體在不同時期發揮著各種功能，各種食衣住行育樂都可以在這個區域內完成，雖然媒體不斷強調特定學運領袖的重要性，但在現場我們看到的是不同群體間的合作、協商甚至是批判，而各種公民間的意見在這個場域裡有被討論的機會，這樣的討論花費群眾大量的時間及耐力，卻是朝著凝聚某種程度的共識所前進。社會的發展並不只有一種方向，也不見得必得不顧一切、犧牲某些人的利益只為了達到某個設定的發展階段，才算成功。一種奠基於建構共識的社會，一個反對只強調效率卻加深地位不平等的社會形態，可能在九千年前的安那托利亞高原曾經存在過，甚至在這近千年的人類歷史長流中，還有更多類似形式的社會，等待考古家去發掘、去理解，也讓當代的我們，擁有更多前進的力量。

家，安身寓居的所在？

鄭瑋寧

中央研究院民族學研究所助研究員

主攻工作、資本主義、新自由主義以及人觀性別與親屬等課題。最近踏上本體論轉向，思索情感、存在和欲望的意義。

○成家，好難？

二〇〇九年，台灣政府對本國榮登全球生育率最低這件事，焦慮不已：各縣市公務人員變成了政府催婚與催生的對象；政府高層不斷喊話，希望促成公務人員與竹科或高科技公司間婚友聯誼，有些單位甚至開出年薪下限與有車有房無貸款的條件（婚姻必須追求高投資報酬率，不能有風險）。內政部提供獎金尋找催生標語，希望讓年輕人一聽就想生小孩，結果首獎得主坦承不敢生小孩。執政黨立委嘗試性地提出公務人員或可享有「相親假」的法案，卻不見官員關心受雇於私人機構或勞動階級的未婚者該如何成家呢？行政院長接受質詢時，直接對多年懷不上孩子的立委提出催生建言，與隔壁三姑六婆「熱心地」詢問適婚年齡男女何時結婚生小孩並無二致。

經濟部官員被問及此事時，直指生育率降低將減少勞動力來源，影響國家未來整體經濟發展；矛盾的是，政府當下無法解決勞動力過剩造成的失業問題，卻不斷鼓吹人民生小孩以提供未來的勞動力。二〇一〇年五都大選前，各類生育津貼與托育津貼紛紛出籠，連社會住宅這類福利國家特有的政策，也變成向來只與財團資本家結盟的執政黨之「社會」政策——反諷的是，國家財務已經接近舉債上限。二〇一四年三月底，財政部國債鐘提醒我們，每個人背負的公債數字已經到達二十三萬八千元。

對於薪水只夠一人溫飽的台灣上班族而言，結婚與生育小孩成了奢望，買房更是天方夜譚。最近，政府為了解決高房價問題，竟促成公股銀行推出四十年房貸方案，以減輕年輕人負擔，但試算結果竟要貸款者支付更多利息。

即使結了婚，已屆生育年齡的女人也不敢生小孩。但若將生育率下降單純歸因於個人注重享樂而不願承擔養育責任的心態，無法真正掌握問題的核心。一份不算嚴謹的民調指出：有七成的上班族認為生育會使自己失去工作，讓飯碗不保（事實上，近年來女性因產假被迫調職降薪而引發的勞資爭議層出不窮）；而竟有五成的資本家同意這種說法。姑且不論數字比例的真實性，其呈現的意象令人心驚膽跳：對平凡的上班族女性而言，生育居然成了工作的對立面！

猶有進之，生育還成了一項需要計算投資報酬率的作為：自己的收入是否足以提供孩子一個合宜的生活與合理的未來？理性計算取代了為心愛的人生一個小孩的浪漫心思。在確保個人溫飽與家庭繁衍之間，居然成了非此即彼的選擇。諷刺的是，前述上班族不敢生育的民調發表時間與台灣首富喜獲麟兒的消息僅相隔數日；首富喜上眉梢之餘，除了承諾加碼繼續生，並且喊話要大家「增產報國」。

上一代視為理所當然的結婚、生子，並擁有一家人安身的屋子／公寓這條人生道路，對當代一般年輕人卻是要不起的幸福。根據資料顯示，台北市的房價所得比二〇一四年居然攀升到十五倍，高居世界第一。甚至當時的行政院長江宜樺和台北市長郝龍斌都相繼發難，表示自己的小孩同樣買不起台北市的房子。為什麼執政者總喜歡以自己也是某些社會不合理現象的受害者發聲呢？這類發言好像意指高房價是天災，切割了房價與政府作為間的因果關係。在結婚、生育、成家這類日常親屬實踐中，我們看到階級界線隱然浮動、流竄。

日本人的成家經驗

讓我們看看日本社會關於結婚、成家的現象及背後意義。文化評論家白河桃子指出，當代日本年輕人渴望追求親密關係、卻無法順利找到合適配偶共組家庭的問題，與日本兩性意象的建構發生轉變有關。日本經歷工業化與職業婦女增加，主動且勇於自由戀愛的女性大增，姊弟戀（跨越年齡限制）或跨越社會階級的戀愛屢見不鮮。相對而言，經濟泡沫破滅之後，日本男人不再以過去父權家庭中頗具威嚴、且能一肩挑起重擔的傳統男人為理想男性意象，轉而培養自己的興趣、重視內在修為與修飾外表，同時對婚姻與家庭感到卻步。

對此，日本家庭社會學家山田昌弘提出一個具有歷史向度的解釋。在明治維新前

（一六〇三—一八六七年，江戶時期），工作與婚姻對象係藉家庭與社區關係網絡張羅：一個人（山田討論的是平民，而非武士、幕府與皇室的情況）的工作是繼承家業，婚姻則依賴媒妁之言與父母之命完成。女性的婚姻對象通常要求門當戶對（與父親做同樣職業或類似職業的家庭），婚後與丈夫共同勞動。在婚姻與工作生涯中，個人選擇與意志不具主導性，一切彷彿水到渠成。當時，個人的生命歷程與家庭及社區彼此親密關連且不可分割。

第二次世界大戰後到日本經濟泡沫化之前（一九四五—一九九〇年），就業與一個人（特別是男人）進入怎樣的學校有關，不同層級的教育學歷決定了人在整體經濟結構的位置；然而女性就業卻因為企業「結婚就應離開職場」的內規而深受限制。終身聘雇制度讓員工產生了視公司如家的親密感。此一公司如家的意象，具體呈現在公司上層極力促成員工組成家庭上（如資深同事負責張羅聯誼）。此時，（經由他人介紹而談的自由）戀愛與結婚之間有因果關係。換言之，此時學校與公司取代了家庭與社區，為個人取得某種集體身分，而個人與家庭領域的形構也彼此交錯——學校與公司使個人能在資本主義化過程中完成家的建構與繁衍。

一九九〇年代以來，日本就業市場開始朝放寬限制的方向發展。就業協定的取消與「男女雇用均等法」通過後，職業婦女人數直線上升；同時，教育學歷不再是就業保障，必須努力蒐集資訊與重重面談才能找到工作。經濟泡沫破滅之後，各級企業取消終身雇用制度，此一鉅變造成彈性聘用與派遣制度的盛行。公司與員工間只剩下純粹的雇傭關係，公司高層不再主動介入員工的家庭領域。企業內部結構的改變（即日本資本主義產生質變之際）促成個人主義普遍化，伴隨大眾媒體渲染自由戀愛的美好，都讓個人減少透過他人尋找婚姻的對象，單打獨鬥地談起（西方社會中認為的）自由戀愛。日本社會的婚友機構高度成熟，一般人努力於「婚活」找尋歸宿，但卻在戀愛中發現彼此個性不合而無法共組家庭。工作不穩定者也被排除在成家行列之外：派遣員工想買房子卻被建商認為收入不穩定而拒於門外，靠打工維生的人幾乎不敢奢望婚姻。

台灣人為何成不了家？

與日本同樣以發展型國家引領資本主義化、再進入新自由主義化的台灣，面臨的又是何種處境？

在新自由主義情境下，國家自我弱化，放任自由市場的機制與金融經濟不斷擴張，造成人民居住空間被金融化為投資與獲利標的，致使房價飆漲。此一製造經濟泡沫的土壤，亦是經濟泡沫最先崩壞之處。國際熱錢不斷匯入（後ECFA時代將更形猖獗），助長了投資客炒熱房價、土地與股市。無論是房市飆漲或崩盤帶來經濟破滅，首當其衝的就是受薪階級家庭。二〇〇八年美國金融海嘯時如此，逃過海嘯的台灣亦復如此。居住在城市中所感受的不安定感與焦慮，成了所有受薪階級家庭生活的日常性。

國家本該保障人民「居住的權利」，壓低房價其實可有幾項政策作為：實價課稅、漲價歸公、興建社會住宅等，卻一直無法施行，關鍵是：為什麼台灣政府不願讓房價下跌？至少，我們看到台灣壽險業購買了大量土地、養地、囤地，而房貸在目前銀行業務占最大宗，根據二〇一四年中央銀行統計，全台房貸餘額五兆五千七百億。台灣房地產價格漲幅驚人，加以寬鬆的貸款條件與低利率，讓投資客可藉貸款來炒作房地產尋求高獲利。房地產市場若轉低檔，將牽動台灣長久以來營建業、金融與統治階級糾結的結構性力量，震盪太大，與權貴的利益相違。

連安身的房屋都買不起、租得很吃力，如何成家？如何生育？更別提薪資水平的倒退、彈性雇傭制度的恣意橫行、工作與勞動權不斷弱化、勞動條件惡化與長期失業的趨勢，以及政府任由「自由市場」機制來決定民生物價上漲幅度。國家一方面放任自由市場邏輯運作，逐步侵蝕個人基本生活水平（一個小窩與穩定的工作）與再平凡不過的渴望（成家、生育）。同時，對個人、家庭與生育問題的憂慮與補救作為，卻僅僅只在後果的表層進行修補，例如勞保局的育嬰津貼、財政部的青年安心成家方案，以及內政部幼兒托育補助等，以提升生育率。但這些顯然未達成預期效果。

比較而言，日本政府自一九九〇年代起開始提出強化育兒支援的「天使計畫」，之後相繼制訂了育兒休假制度、擴充育兒補貼、增設保育設施等政策。二〇〇五年之後生育率雖有回升，但幅度有限。此外，日本亦推出獨居老人、弱勢與年輕夫妻的社會住宅，其效應則有待觀察。

反倒是法國政府提升生育率的政策發揮了實際作用。法國政府對生育的補助是以子女個人為單位，無論父母的婚姻狀態、國籍，一視同仁，另於二〇一三年推出「家庭補助」：育有二名以上子女的家庭，政府按月給予補助，直到子女滿二十歲，而每多生育一名子女，補助金額會隨之增加。至於生育一名子女的家庭，只能領取基本補助，直到子女三歲。

台、日兩國相對不健全的社福設計，只將家庭視為個人的事。相較之下，法國認為國家應介入小孩的養育，藉社會福利或其他補救措施，以達成分配正義。

○「家」的新樣態

然而，前述的視角與政治作為的討論似乎預設了：只有建立在異性戀一夫一妻制、以房屋這項私有財產為物質基礎，與以繁衍後代為目的之婚家體制，才有資格成為當代國家必須積極介入、進行良善治理的對象。這問題應分幾個層次來檢視。首先，這類家庭樣態的想像，的的確確出現在當代台灣社會生活中，同時也是國家進行生命治理的家庭意象。其次，就實際田野觀察而言，礙於種種現實而無法建造理想家庭的人們，往往以合乎個人處境與因地制宜的方式去形構自己的家，例如，同居不婚，或獨居卻不乏伴侶，甚至可以接受多重伴侶的家庭樣態。更重要地，這些非典型婚家的實踐者甚至不堅持以房產做為成家的物質基礎，他們在乎的是願意一起過生活的人共同生活下去。

這種以個人作為實踐家之各種可能的基礎，才是當前社會與國家必須面臨的社會趨勢。事實上，根據主計處於二〇一五年七月公布數據，二〇一〇年獨居家戶已達一六三萬戶，占全台灣家戶總數的百分之二十二。這讓我們很難將獨居視為異例，亦不可能無視多樣化的家樣態之存在。

當代人們在談論「家」的時候，不必然全部以核心家庭為唯一的樣態，而是強調與那個／些情感合意的人一起生活的所在，更是容允個人得享情感安適的存有空間。另一方面，當代的家所具有之存在論意義以及家的多重樣態，凸顯了國家所認識的家之範疇界線過於僵化，無視於這些新浮現的、難以界定的非典型家人與非典型家庭的存在。這無異顯影了新自由主義國家在生命政治場域中所默許的歧視，及其在生命經濟場域中所施予的壓迫。

比起那些造成成家困難的問題源頭（政治、建商與金融的政經三位一體），政府的分配正義雖只在問題表面進行補救，卻是必要的、且必須深化的補救。政府有責任實現居民渴望的「簡單的幸福」這個社會意象，尤其必須在更廣大的社會經濟脈絡中加以實現。至少，從個人與家的角度出發，政府有責任去思考如何讓人們及其後代能安居於社會、安身立命於工作的「幸福經濟」，而不是將生存、安身所在與生活方式，全數丟入自由市場，任憑資本家喊價、宰殺。所謂的分配正義，不單只是資本利得的合理分配，更必須將每個公民之所以為人的存在福祉，納入經濟政策的設想與規畫。

簡單幸福不是個人的小確幸，而是整體經濟擘畫必須正視公民做為人的存在問題。是關心人的生命經濟，而不是將人與生命當成商品的經濟。

農業活動背後的環境倫理

李宜澤

東華大學
族群關係與文化學系
助理教授

從心理學轉向人類學。芭樂文章討論過基改議題，泰國南部的棕櫚與稻米，原住民大學教育等等。做為芭樂果園的物種之一，對台灣的環境人文矛盾與群體心理狀態的演繹最感興趣。

在《聖經．創世紀》的段落裡，亞當和夏娃的第一個孩子該隱和他的弟弟亞伯，分別向上帝獻上他們的祭物。亞伯是牧人，所以他獻出了頭生的羊和羊脂；該隱是農人，他以地裡的出產為供品。結果上帝看中了亞伯和他的供物。該隱生氣變臉，上帝對他說：「你為什麼發怒呢？你為什麼變了臉色呢？你若行得好，豈不蒙悅納？你若行得不好，罪就伏在門前，他必戀慕你，你卻要制伏他。」該隱並沒有聽進上帝的話，他把弟弟亞伯帶到田間殺了。結果上帝發怒：「現在你必從這地受咒詛，你種地，地不再給你效力，你必流離飄蕩在地上。」而該隱被上帝放逐之後，因為農業將產生眾多人口的需要，他為兒子建立了一座城。

你可能會覺得上帝與其子民的關係，具有家庭成員間彼此糾纏的心理情結：明明兩個人都向上帝獻祭，為何上帝喜愛牧人亞伯的供物，而不喜愛該隱的呢？到底這個行動的「公平」處何在呢？具有改革宗精神的解讀方式，會說這個經文呈現的是在苦難、暴力、嫉恨、不安焦慮的現實裡，探尋上帝與人的互動，把這個經文看做人類如何面對第一個「不公平」，但仍在其中相信上帝的「義」。除了從信仰層面做出精闢的解說，我想要提出另類的觀點：這段經文描述了文明初期人與自然關係中，人類如何看待畜牧和農業對環境的影響；其寓意可能是：農業對於其他生物以及生態的衝擊極大，以至於上帝（或者任何人所能求告的至高神明）對於人類所發展出來的生產模式非常不悅，而把農業生產關係的「倫理瑕疵」鑲嵌在經文的案例中。

人類成了主宰地球樣貌的「異類」

人類為了生存而大規模破壞環境，的確始於農業發展。如果你曾修過人類學導論，大概會記得歷史上生計模式類型，從小型狩獵採集到農耕的轉變，包括：定居，開墾灌溉渠道、山林燒墾，以及使用大型器具。

這些轉變都有一些共同點，就是「不可逆轉地改變了地景」；同時也把某些原來做為食物來源或者是狩獵採集協力者的物種，開始當做害蟲，甚至加以迫害。例如英國廣播公司的環境紀錄片《人類星球》（*Human Planet: Natural Born Survivors*）中所描述，在撒哈拉沙漠南面的馬利，農夫為了保護自己的農作免於受到奎莉亞雀（Quelea）的吞食，會在鳥巢密集的樹附近設下火線，等到黃昏倦鳥歸巢，一舉把鳥巢和鳥都用油燒了。想像著整片樹林的鳥被「屠殺」的畫面，似乎可以理解，為什麼創世紀裡上帝會不喜愛農人該隱所奉獻的作物：農人為了收穫的規模和效益，造成其他物種無法返回的傷害。

從環境人文的觀點來看，人類的農業活動對環境造成了「伊底帕斯」式的行動：一方面從土地中得到養分，一方面殺害做為「父親」（或者母親也可以）的大地。希臘史詩《安蒂岡妮》（*Antigone*）裡面就有段合唱背景，提到「在地上有許多擾亂的活動，而最主要的就是人。因為他們耕耘！」人文學者莫頓（Timothy Morton）在「The Oedipal Logic of Ecological Awareness」一文中指出：人們在農業活動之後，就無法回頭地，為「人類世」埋下伏筆。

「人類世」（Anthropocene）是由諾貝爾化學獎得主克魯岑（Paul Crutzen）發明的詞彙，指的是由人類活動所定義的地質年代，相對於古老的「古新世」、「更新世」等，「人類世」最為近代，強調人類活動對地球的影響是全面性的，巨大到足以成立一個新的地質時代。即使人類早就會用火，其所形成的影響也不若農業操作這麼大規模，對其他「物種」造成重大影響。人類本來與其他物種無所區分，但農業促使人類開始大量改變「人」「種」關係。

如果人類想要跳脫物種利用的大規模毀滅後果，重新認識自己也是自然環境中必然受到影響的一員，我們對於環境的思考就必須要脫離非「用」即「害」的二分性質，讓人類回歸自己與其他物種同樣屬於整體自然歷史一分子的角色。我們應該重新認識到，一根雜草或者是一匹野狼，在環境中都跟人類有相同的「重要性」。

機械化與非機械化的尺度

其實不需要走到遙遠的希臘悲劇裡，即可看到人類反思，甚至試圖逃離農業模式所衍生出的治理及其災害。政治人類學者史考特（James Scott）在其知名著作《弱者的武器》（*Weapons of the Weak*）與《不被治理的藝術》（*The Art of NOT being Governed*）中，分析滇緬山谷以至東南亞季風區農業與政治的關聯，農業生活所帶來的收入與技術需要，並不足以讓農耕者在政治生活上自主，農業活動也因此成為拉大階級差距的來源。對農民而言，政治永遠不是權益的平均分配，反而是由統治階級控制的遊戲。因此農民會常進行小規模破壞，散播流言，拖延工作進度，造成地主統治階級的麻煩；地主企圖妥協，農民才能得到對抗的行動籌碼。

歷史紀錄中顯示，當東南亞山區佃戶碰到動亂，第一個破壞的目標通常是地方的戶籍稅賦記錄所在，以便使自己在動亂後、解甲歸田時，可以成為遊走的黑戶而不會遭到秋後算賬。也因此，對當地農民而言，弱者的武器之一就是抵抗政治管理制度化的賦稅與屯墾機制，試圖往游耕甚至採集模式的生活變遷。

從希臘神話裡因為「種植」龍牙而建立的底比斯城，到聖經時代農人該隱對牧人亞伯所做的弒親悲劇，都可見農耕型態在人類社會中留下的神話母題。而「人類世」在當代面臨的最大問題就是「全球暖化」。除了工業革命後大量使用燃料，大規模農耕和伴隨出現的大規模畜牧形成的溫室氣體，造成的溫室效應更為嚴重。小部分的游耕與放牧會讓土壤中的氮氣釋出，牲畜糞便也形成甲烷氣體；但是和定耕之後，隨之形成的大規模畜牧業、甚至機械化之後排放的溫室氣體相較，都只是小巫見大巫。（因此除了有人開始吃素救地球之外，還有環境研究者認為應該推廣「無整地農業」（No-till farming），以減少耕地活動中溫室氣體的排放。）

當代因為大規模種植而把熱帶雨林和農業邊界的遊牧地一一砍除，甚至使居住其中的原住民族與前面所提的「奎莉亞鳥」一樣，成為必須要被移除甚至殺害的「物種」，種種都是當代規模化農業對於其他物種甚至邊緣人群，所迫害殘殺的伊底帕斯行動。農業的壓迫特質在工業化與資本主義化之後，到達了令人無法忍受的高峰。

當下關於環境農業的反思，或者「農藝復興」，除了對大規模種植畜養的反省揚棄，還應包括把單向化的農人角色轉回原本多樣的身分。如同文藝復興時期，當代藝術家全方位地結合科學、哲學、藝術，農人的農藝復興也開始回到多樣的「園藝式」操作。最典型的是日本農藝職人塩見直紀（Naoki Shiomi）所推廣的「半農半X」生活。

塩見直紀提到，二十一世紀農人最重要的三個身分，就是「生態學家，藝術家，與記者」。生態學家扮演觀察與創造環境的角色，藝術家開創農村與農業生活的美感和多樣性，而記者農人則在農場與都市消費之間，扮演訊息傳遞和思維重組的功能。以這三者為色調的農人在台灣逐漸可見，也漸漸地有其他人在農業操作的周邊協助非大規模維生的小農：做為農夫市集的組織者，做為農業訊息的報導人，或甚至是農業器具與空間的設計者等等。在「上下游新聞市集」的報導中，有許多這樣的農人或支援者群像。

但是，小農復興就可以轉變從遠古農業以來所形成的人類世溫室效應嗎？當然很難。至少在我們所能夠看到的範疇裡，大規模農業與畜牧已經掛上了屠宰場和加工區，加上在高速公路上奔跑的冷藏貨櫃，最終跑到我們方便的好鄰居或是漂亮無塵土的超級市場貨架上。大規模農業具有「自我否定」性格（再一次地伊底帕斯）的部分，就是在於把原來應該可以連接生產者和消費者之間的橋樑隱藏起來，使得在其中原本可以生生不息的自然世界被機械化取代，阻斷消費者對食物如何來到餐桌的過程其他可能的想像。在規模化的農業加工中，沒有日出日落的農業「地平線」，只剩下二十四小時不斷奔跑的貨運車，以及消耗更多能源的人工溫控環境所生產的「新鮮」。為了在「任何想到的時候」就能取得相關食品與農產，設立新的生產環節，放逐了自然緩慢的循環能力，在工業化的沙漠裡建造了無數該隱的城市。

◎「能對自然永續使用而不摧毀之，必須依靠想像力」

美國的環境思想家貝利（Wendell Berry）在二〇一二年的傑佛遜獎（Jefferson Lecture）獲獎講座上，以「一切都來自切身感受」（It All Turns on Affection）為題目發表演說。他以自己的祖父在一九〇七年帶著煙草到市集去賣的那一天為起始，講述當時煙農的收成只能被煙草公司獨家收購，但因為美國煙草公司（由煙草大亨，同時也是杜克大學的創辦者杜克〔James Duke〕所經營）壟斷壓低價格，經過來回火車旅程，最後竟然落得身無分文回到家中。即便如此，他的祖父仍然咬著牙把農場經營了下來，並傳給他的父親。

貝利以此說明美國商業文化中「成功者」（boomer）以及「守舊者」（sticker）的差別。成功者以「欲望」以及獲取資產為動力，而守舊者以「感受」以及盡可能保守的能力為動力。但是對於貝利來說，能夠在感受中維持「想像力」，是對於土地以及自身感到值得的唯一方式。他提到祖父和杜克兩人都來自於農家，但是杜克在成為煙草大亨之後，已經失去了讓他能夠願意為土地保守和感受的想像力；杜克的想像力落在他「尚未到手的東西」上，而貝利的祖父則堅持著「手上所能夠保留的事物」，保存後代能夠跟他一樣感受到的「風，泥土，和氣候」。

• • • •

在冷冷的冬日，我走進友人陳建泰在竹北千甲里所開墾的農場，他以阿美族語的「快樂」之意，把這裡稱為「里巴哈克農場」(Libahak Farm)。這是個在精密科技與光電產業城市周邊，以頭前溪河床沖刷出來的砂質土地，以及被移居都市邊緣的原住民朋友的貨櫃工寮圍出來的農場。整個農場與工研院的五十個住戶合作，進行「社區支持農業」(community supported agriculture, CSA)，並且邀請農業社運與技術團體到該地與半農半X的原住民農友們互動（包括各種自力改變土地關係的農友，以及來自泰國強調以在地菌種來改變土壤的「米之神基金會」）。

建泰在有限人力以及農藝創意上發想出來種種的農場設計創意，例如以雜草、落葉、厚紙板、馬糞拌碳化稻殼，配合自己培養的放線菌液肥所澆灌出來的圓形創意菜畦。他說：「圓形的菜畦最簡單，之前的複雜想像都簡化在這裡面了！」「如果每個農場都可以收養五隻流浪動物，新竹市周邊珍珠般的環形農場就可以解決城市的流浪狗問題。」建泰辭去工研院的穩定職務，轉以專案經理方式進行工研院與竹北的社區支持農場操作。雖然只有五分地，但夾在高科技工業區旁的友善農場，提供了非常不同的想像。

我在冷風中搭著農場剛出爐的烤蕃薯，感受到從高鐵站出站時完全不一樣的視野。

對貝利來說，維持對於自身所為，身旁人物，以及環境周遭「充滿感受」的想像能力，才是能利用自然而不會摧毀自然的方式。這個想像力一方面帶有塩見直紀所稱的技能多樣性，一方面也帶著貝利和建泰所堅持的，在工業化的環節裡追尋新的歷史起點的可能性。這兩者都需要我們以內在觀察的角度，重新檢視自己與環境生產的關係。

從農業發展之初埋藏的伊底帕斯詛咒，到人類社會大規模以及化學農業的操作，唯有重新用想像力看著自己周遭的環境，以及思考未來是否能有一樣的「感受」（affection），才有可能保留我們這個「人類世」，抵抗大自然反噬的後果。

重返土地，是最基進的革命

蔡晏霖

交通大學
客家文化學院
人文社會學系副教授

也是蔡丁丁、土拉菜菜子，以及貓屬女同志。念人類學的前十年沒想過會在家鄉宜蘭種田，現在聽見「出田野」就想拿鋤頭穿雨鞋。

從「毀家滅婚」到「保家衛土」

二〇一〇年六月九日清晨，苗栗縣政府僱怪手入侵竹南大埔稻田，剷除數公頃即將熟成的稻穗，藉此警示反對徵收的「新竹科學園區竹南基地周邊徵收自救會」成員（以下簡稱「大埔自救會」）。七月十七日，全台千人夜宿凱道表達抗議，一波以反對浮濫徵收為訴求的「土地正義」農運自此風起雲湧。然而悲劇還是發生：八月三日，大埔被徵收戶中七十二歲的朱馮敏女士，疑因家園不保而飲農藥身亡。

二〇一三年七月十八日，行政院撕毀大埔四戶原屋保留承諾，放任苗栗縣政府二度怪手突襲、趁抗爭戶北上陳情之際強拆四戶家園。兩個月後，四戶中的張藥局男主人張森文先生陳屍排水溝，同樣疑因家園不保而抑鬱輕生。

時隔三年的兩隻怪手，前者毀田，後者拆屋，都造成家破人亡的悲劇。怪手是國家暴力的具象物：它們破壞的不僅是田舍房屋，還有當前台灣最重要的兩個歸屬感象徵——土地與家園。當國家怪手拆毀家園與土地，人民對國家的信任亦隨之崩解。二〇一三年八月十八日深夜，數千名民眾因大埔強拆事件而占領內政部中央聯合辦公大樓，表達「把國家還給人民」的訴求。此行動雖僅歷時一日，卻首開近年幾場大規模占領運動的先聲，成為二〇一四年反服貿黑箱運動、夜宿忠孝西路反核行動的參考座標。從「反迫遷」到「拆政府」，台灣民間力量似乎由此找到了更積極的反抗形式。

本文想進一步討論的是：一個以「拆政府」為訴求的保家衛土運動，究竟意味著什麼？政府與國家，到底是從何時、以及如何開始，成為毀家滅村的劊子手？且讓我們直指一個核心矛盾：百年之前，投身打造新興民族國家的現代新青年主張「毀家滅婚」，以求掙脫封建家庭與氏族主義對於個人自主發展的層層束縛。百年以後，理想主義青年戮力以赴的卻是保家衛土（如土地正義與居住正義運動）與多元成家（如同婚與跨國聯姻運動），投身一波波以成家與保家之名而開展的抗爭。究竟該如何理解百年來「家園」、「土地」、「國家」與「個人」相對關係的實質轉變，並且從這條「毀家到保家」的迢迢抗爭路，思考二十一世紀理想主義者的戰鬥位置？

沒有國，哪裡會有家？

首先，幾個思考練習與必要的釐清。

第一，「土地」與「家園」雖然時常被畫上等號，但事實卻非如此。有家的人不一定有土地。二〇一〇年的統計指出，全球已有過半數以上的人口居住在城市裡，他們的生活與土地嚴重剝離，成為漂浮感深重的一群。

有土地的人也不一定能成家。當城鄉差異日增、當農民日漸失去對農業生產銷售的主導權，每天都有人背起行囊往他鄉流移。從農場到工廠、從營業餐廳到私人臥房，當代北方國家的產業經濟與日常生活運作，早已高度依賴著來自南方國家的廉價移工——為求來日還鄉成家，他們得先在別人的國與家勞動經年。

其次，雖然許多國家領導人愛唱「沒有國哪裡會有家」，但本質上「國」、「家」與「土地」的連結毫無任何當然之處。家的歷史遠比國漫長，有國之前早就有家。國與家的緊密聯繫是現代國族國家的歷史性成就，而目前世界上多數的國家都是近半世紀以內的淺齡人造物。

人類學學科源於殖民帝國對於非西方他者的欲望與治理，也因此長年見證一個事實：世界上多數人群與土地的關係，遠比與特定統治者之間的關係來得深長。反過來說，當現代國家宣稱主權遍及於所有領土，其實往往先是抹滅了原住民與土地之間的緊密連結，再進一步革除地主與佃農之間世代相襲的恩庇關係，最後透過土地調查、所有權登記、稅收與規畫……等制度性工具成為人／地關係的中介者。由此回觀台灣近代史，無論日治時期的全台土地調查、或是國府政權的土地改革，都是現代國家重構人／地關係以鞏固治理的關鍵事件。

有國，反而沒有家

除了介入與重建人／地關係，現代國家也積極介入家庭內的親密關係，宣稱要為人民打造幸福美滿又安康的現代家庭。矛盾的是，對於那些不循著異性單偶婚或血緣模式成家的人群，國家又積極阻礙他們成家。限於篇幅，本文暫且擱置現代國家對「家」的偏狹定義，而只在此提出一個最基本的事實問題：就算只照顧由「異性單偶婚＋血親」所組成的狹隘婚家，國家是否實現了此一承諾與義務？

答案很不幸地是「否」。過去三十年台灣與新自由主義全球資本逐步接軌的過程中，國家不僅解除各項管制放任金融市場「自由」運作，還傾力與資本聯手壓低薪資、炒作房價，放任幼托、高教、醫療、長照等人民基本需求被商品化，由市場邏輯主導改革方向。從許多攜子燒炭、移工弒主等弱弱相殘的新聞，以及多數青年買房無望又怯於生養的趨勢來看，國家基本照護職能的長期退縮已然危及台灣社會中低階層家庭的維持與再繁衍，或甚且如大埔事件般直接強奪弱勢者家園。

確實，對於樂生院民、大埔四戶、士林王家、中科三四期、華光社區、新店七張、竹北璞玉、南鐵東移、桃園航空城等開發計畫裡的被迫遷民眾來說，國家的介入意味著老者無所終、廢疾者無所養、安居者流離、鄰人親子反目。國家已不只是個為資本作假的失能機構，還正是親上火線、拆屋殺人的劊子手。莫怪在近十年的台灣，「成家」與過上普通安穩日子的「小確幸」已經成為人民逃遁資本與國家聯合暴政的共通情感結構。大埔張藥局的秀春姊是這麼說的：「拜託國家不要來我的家。」然而當下令拆屋的苗栗縣長劉政鴻在強勢警力戒護下硬闖張家靈堂，現場青年也僅能以一只單薄的飛鞋還擊。邊緣者以「家」做為逃離國家暴力、退無可退的最後立錐之地，似乎竟還是一個過於奢侈的夢想。

重返土地，返了什麼？

如果當代「家」的公共意義在於社會的自我防衛，那麼「土地」的公共意義又在哪裡？台灣近年已開啟關於土地多樣性價值的討論，其中關鍵在於肯認土地在「生產」之外，還具有重建「生活」與「生態」的積極意義。簡單來說，土地是支撐整個生態／文化體系的「棲地」（habitat），是個人與社群生養、照護、休息、修復的基地。換言之，土地除了能生產與創造利潤，也同時具有「再生／產」（regeneration/ reproduction）的價值，而後者（再生產）其實是前者（生產）的前提：任何藉由土地創造利潤的行為，如果犧牲了土地的再生產能力，就將走上竭澤而漁的自毀之路。

此一概念下的「土地」，事實上孕育著比「家」更為寬廣與積極的能量與意涵。如果當代社會已是一個天災人禍橫肆、家園瀕危的災難社會，那麼唯有「重返土地」，重新正視土地照顧、修復、涵養等再生產與非營利性質的功能與價值，才能從根源減少災難、也讓弱勢者重建一個真正可安住與長在的家園。九二一震災重建工作中，長駐災區的青年工作者從建立另類農產銷售管道開始探索重返土地的生計模式。這種結合生計、文化與社群的地方重建工作，為晚近的返土歸農風潮建立實踐典範。

然而歷史總是辯證且複雜的。當年零星返鄉、逆流而行的青年們，近年卻發現身邊出現不少異質的同路人。在「豪華農舍田園夢」以及都市房價泡沫化的趨勢下，無數投資客、財團、企業、基金會、房產仲介、民宿業、觀光業、退休軍公教齊步湧向農村。這確實也是一種「返鄉」，只不過這些人忽略了一件事，亦即他們的夢想家園是以良田變建地、污染灌溉水、耕地細碎化、農地價格飛漲為代價。

資本的田園返鄉夢提高了農鄉土地的商品價值，卻犧牲了土地更為根本的涵養與棲地價值。此種竭澤而漁式的「讓家園重返土地」，最終卻將讓所有人都無鄉可返。同樣地，許多媒體報導強調返鄉新農「種田也能賺大錢」，彷彿只有當返鄉青年「也能」賺錢與出頭，才足以贖回自己因為誤踏返鄉歧途而喪失的好兒子與好公民身分。此類強調返鄉成功的報導，反覆申義的依然是要讓農鄉也成為資本瀰漫的新自由主義空間。

歸根究柢，「返鄉也能賺大錢」的說法不會為長期遭到貶抑的土地帶來真正的曙光，因為它所賴以運作的依然是那套貶抑土地的價值體系。真正的「返鄉」不單只是空間上與人口意義上的逆流，更重要的還在於翻轉既定的「重城鄙鄉」價值位序。如前所述，土地除了能生產與創造利潤，也同時具有再生／產的價值，而後者是前者得以發生的前提。當今災難社會的根源，簡要來說，正因為人們重視土地的「生產」價值遠勝於其「生態」與「生活」(＝再生產）的價值。也因此，真正具有變革性意義的「返鄉」，就該從超越生產至上的土地觀開始，重新想像並再造人、地、家、國的新關係。

從憤青到農青的返鄉路

二〇〇四年，一位憤青在反核多年後決定騎上他的風神一二五，「管它景氣啊、前途啊，我不在乎」，決定「回到阿公行過e那條田埂路」。十年後，這位憤青成為台灣最重要的新農代表人物，他創造的「穀東」一詞成為台灣社會共通語彙，他帶領新一代的青年踏上返土之路，他的名字叫做賴青松。

青松定義自己的返土為一個「長達十年的不合作運動」。

這是一位社運青年決定拉長戰線，從此在生活中反抗，以生活來反抗。反抗什麼？

青松從台灣人的集體經驗看見一個經濟現代性之外的人／地關係叢結：戰後半世紀的政策長期重工輕農，與資本合作把一代又一代的青年從農鄉帶往城市，規訓他們成為柔順的受薪階級，負債一世人只為了在城市買房起家。「家園」與「土地」於是出現緊張關係：出身農鄉的台灣青年就和當代外籍移工一樣，只有先背離母土才能成家。此外，國府流亡政權與中國故土長期分斷又貶抑台灣本土價值，使土地成為多數人想望又不可得的無言鄉愁。歸鄉無路，正是戰後台灣社會無分本省、外省族群的集體精神創傷。而那些真要歸鄉的人，首先就得請求母親的原諒：

離農離土真波折
不如歸鄉不如歸鄉
母親原諒我要歸鄉
我要捨命回到山寮下
重新做人。

——秀仔歸來（記一群歸鄉的年輕人）

ps. 閩南語聲道同學請轉檯伍佰的「返去故鄉」

返鄉難，難在返鄉不只關乎工業現代性的去異化工程，也關乎個人家庭內親密關係的協商，以及去殖民過程中深層的文化抵抗與主體再造。但也因此，一條返鄉／反抗之路已經朗朗在望：如果戰後台灣社會的集體精神創傷源自於家園與土地的分離，那麼其中一條可行的修補與療癒之道，正是讓家園重返於土地。秀仔的決定有多麼沉重，他的反抗力道也就有多麼深刻。

值得關注的是，賴青松的返鄉實踐揭示了一種更為開闊的人、地、家、國的關係重構可能。他首創的「穀東俱樂部」不只突破一般農民必須忍受中介商盤剝的產銷困境，更許諾一種兼顧土地生態、農人生產，與飲食者生活的新人地關係。如今此一創新的產銷模式已經成為台灣絕大多數新農的起跑點。

最重要的是，青松不只分享產銷模式，也分享可租土地、農鄉人脈、農作與銷售知識、演講與媒體邀約，甚至租屋與就業管道。而一個分享總能邀請更多分享：一位青松的穀東於二〇一三年成立「倆佰甲」新農育成平台，完全以私人互助之力解決新農從找地、訂購秧苗、聯絡機耕業者，到倉儲空間的種種障礙。一個友善耕作社群於是在宜蘭員山蓬勃發展，兩年內增加數十組戰力十足的新農。二〇一五年，一位「倆佰甲」成員又成立「小農應援團」，組織有志嘗試農事的青年以換工方式支援友善小農的勞動力需求。

宜蘭員山新農社群所協力開創的是新型態的農業傳習模式，從而將土地、資本、知識、勞動力從固有的交換管道中釋放出來：在傳統農村，這些關鍵生產資源主要於血緣姻親家族內交換；百年前，這些資源與市場經濟結合，接著又在戰後的農業現代化進程中先後仰賴美援以及農政單位的高度管制與補助。可以說，慣行的農業生產鑲嵌在既有的人、地、家、國關係及其相應的經濟模式中，也因此深受家族、市場，與國家力量的影響。

相對地，宜蘭新農社群的農業傳習模式強調社群、合作、共享、非壟斷性的運作原則，竟或因此為沉痾已久的農業與農村覓得新動力。在一場關於公部門如何鼓勵青年從農的討論中，新農指出現有農業補助都是對土地擁有者的補助，與多數無地的新農沾不上邊；但是「沒有地，沒關係」，只要公部門能協助新農就近運用農會閒置的烘米機、穀倉等生產設備，就能以最小資源為新農創造適切的農村公共性，遠勝於補助私人購買。換言之，無地小農的出路，可以包含向國家爭取成為有地農民，也可以進一步再思人與土地的相屬關係。

◯把土地還給生活

近年蜂起的反浮濫徵收運動往往強調國家侵害農民的私有產權。這樣的訴求十分有力，卻難以顧及對係爭土地不具所有權的農民（如公有地租用者、代耕業者）。然而更困難的是，反浮濫徵收運動所訴求的土地正義，是依附在國家主權與私有產權之下的正義；可以說，國家先壟斷土地，再以私有產權制授權私人壟斷土地的生產價值。因此即便是控訴國家不仁的異議者，也得乞靈於國家對私有產權的保障。而這，或許正是當前反浮濫徵收運動的核心困境。

宜蘭新農社群讓我們看到的，則是一種不以土地私有產權為主要基礎的人、地、家、國關係。在此，「土地即棲地」的實踐與想像不再僅限於私有產權制的框架：

土地即棲地。土地是萬物共生的棲居之地，而不只是少數人的私有物產。國家與資本透過私有產權制定義土地；「土地即棲地」的完整意義與可能性，卻只能由所有棲居其上的生命來共同創造與定義。

土地即棲地。於是除了土地的生產價值，我們還應正視土地在生態與生活上的種種照顧、修復、涵養等再生產的價值。

土地即棲地，而不只是少數人的私有物。於是在一個國家失職並為資本作倀的年代，「把國家還給人民」的根本意義，就在於把家園重新還給土地，也把土地還給萬物的生活與生計。

土地即棲地。於是返鄉不一定要擁有土地，返土也不一定都要務農。種種應生態與糧食危機而生的土地正義運動不應只以捍衛小農私有地為目標，而是期許小農在工作權與財產權穩定的狀況下，在餵飽人類的同時也照顧大地萬物。

土地即棲地。於是可以確定的是，當我們藉由土地正義許願一個可以重建眾生衡平的未來，土地運動就不會只限於土地所有權運動；因為除了私有財產權，人類與土地還有更多相依相屬的可能，來自於勞動與生產、滋養與照顧、玷污與分享，以及最終的回返——死亡。

重返土地，是最基進的革命。而土地，從不屬於。

左岸人類學 228

芭樂人類學
guava anthropology

主　　編　郭佩宜
作　　者　林秀幸、羅素玫、郭佩宜、彭仁郁、方怡潔、邱韻芳、宋世祥、潘美玲、陳伯楨、陳玉苹、徐雨村、何撒娜、趙恩潔、呂心純、劉正元、胡正恆、林子晴、林浩立、趙綺芳、莊雅仲、容邵武、呂欣怡、鄭瑋寧、江芝華、李宜澤、蔡晏霖

總 編 輯　黃秀如
責任編輯　林巧玲、孫德齡
封面設計　黃子欽

社　　長　郭重興
發行人暨出版總監　曾大福
出　　版　岸文化／遠足文化事業股份有限公司
發　　行　遠足文化事業股份有限公司
231新北市新店區民權路108-2號9樓
電話　(02)2218-1417　　傳真　(02)2218-8057
客服專線　0800-221-029　　E-Mail　rivegauche2002@gmail.com
左岸臉書　facebook.com/RiveGauchePublishingHouse
法律顧問　華洋法律事務所　蘇文生律師
印　　刷　成陽印刷股份有限公司
初版一刷　2015年10月
初版七刷　2021年6月
定　　價　350元
I S B N　978-986-5727-27-7

guavanthropology.tw
芭樂人類學網站

「大聲民主」感謝香港中文大學授權使用

芭樂人類學／林秀幸等作；郭佩宜主編.
－初版.－新北市：左岸文化出版：遠足文化發行，2015.10
ISBN 978-986-5727-27-7（平裝）
1.文化人類學 2.文集
541.307　　　　104017120